金融行业绿色数据中心建设标准指引

贵州省数据中心创新研究院◎组　编

王万程　李少波　何　芬◎主　编

汪　军◎专家顾问

電子工業出版社.
Publishing House of Electronics Industry
北京·BEIJING

内 容 简 介

2020年中央经济工作会议把"做好碳达峰、碳中和工作"作为八大重点任务之一。为落实国家相关法规，节约资源，保护环境，推进可持续发展，聚焦贵阳贵安数据中心集聚的特色优势，聚焦金融行业的发展特点，规范贵州省金融行业绿色数据中心的建设，构建布局合理、规模适度、保障有力、绿色集约的金融数据中心体系，打造全国金融行业数据中心高地。贵安产控集团组织华为、贵州大学等有关单位编写了《金融行业绿色数据中心建设标准指引》，以期为金融行业绿色数据中心的建设、运行以及评定提供明确的技术指导。

未经许可，不得以任何方式复制或抄袭本书之部分或全部内容。
版权所有，侵权必究。

图书在版编目（CIP）数据

金融行业绿色数据中心建设标准指引 / 贵州省数据中心创新研究院组编；王万程等主编.
—北京：电子工业出版社，2022.5
ISBN 978-7-121-43302-3

Ⅰ.①金… Ⅱ.①贵… ②王… Ⅲ.①金融—数据管理系统—建设—标准—研究 Ⅳ.①F830.49-65

中国版本图书馆 CIP 数据核字（2022）第 068206 号

责任编辑：刘志红　　特约编辑：王　纲
印　　刷：北京天宇星印刷厂
装　　订：北京天宇星印刷厂
出版发行：电子工业出版社
　　　　　北京市海淀区万寿路173信箱　邮编　100036
开　　本：720×1 000　1/16　印张：13　字数：176.8千字
版　　次：2022年5月第1版
印　　次：2022年5月第1次印刷
定　　价：198.00元

凡所购买电子工业出版社图书有缺损问题，请向购买书店调换。若书店售缺，请与本社发行部联系，联系及邮购电话：（010）88254888，88258888。
质量投诉请发邮件至 zlts@phei.com.cn，盗版侵权举报请发邮件至 dbqq@phei.com.cn。
本书咨询联系方式：（010）88254479，lzhmails@phei.com.cn。

《金融行业绿色数据中心建设标准指引》

编 委 会

主　编（按姓氏笔画排名）

　　王万程　李少波　何　芬

副主编（按姓氏笔画排名）

　　田小波　刘喜军　李晓军　钟　山　喻茂萍

成　员（按姓氏笔画排名，同一笔画按姓名笔画从少到多排名）

　　王　勤　巴登文　史艳妮　冯雨菡　向　阳　刘永志

　　刘远鹏　刘　斌　李梦谷　吴　杰　闵祥利　张玉群

　　张安思　罗　文　高　原　郭　潇　程子洋　程　骥

　　鲍广雷　廖秋红　廖　强　樊杰磊

合作编写单位（按首字笔画排名，同一笔画按单位名称笔画从少到多排名）

　　中国联通贵州省分公司　中建三局第一建设工程有限责任公司

　　中铁隧道局集团有限公司　华为技术有限公司

　　贵州大学公共大数据国家重点实验室　贵州省交勘院

　　贵安产控集团

前　言

当前，国家对"碳达峰、碳中和"的发展极为重视。2020年，习近平总书记在第75届联合国大会上首次作出我国"二氧化碳排放力争于2030年前达到峰值，努力争取2060年前实现碳中和"的庄严承诺，彰显出我国走向绿色复苏、绿色转型道路的决心，具有重大战略意义。同年，中央经济工作会议把"做好碳达峰、碳中和工作"作为八大重点任务之一，旨在推进生态文明建设，解决资源约束趋紧、环境污染严重等问题，从源头上减少污染物和温室气体排放，有效倒逼经济发展方式转变，提高我国经济发展绿色水平。

现在，数据中心、5G、人工智能、工业互联网等新型基础设施建设已成为国家数字经济战略重心。数据中心是信息基础设施中的耗能大户，需要不断推动传统数据中心向绿色数据中心转变。这不仅是进一步推进数字经济快速发展的手段，也是实现"碳中和"目标的重要路径。

为落实国家相关法规，节约资源，保护环境，推进可持续发展，聚焦贵阳贵安新区数据中心集聚的特色优势和金融行业的发展特点，规范贵州省金融行业绿色数据中心的建设，构建布局合理、规模适度、保障有力、绿色集约的金融数据中心体系，打造全国金融行业数据中心高地，（牵头单位）组织有关单位编写了《金融行业绿色数据中心建设标准指引》，以期为金融行业绿色数据中心的建设、运行及评定提供明确的技术指导。

金融行业绿色数据中心的建设、运行与评定除应符合本标准的规定外，还应符合国家和地方现行有关标准的规定。

贵安新区产业发展控股集团有限公司是国家级新区——贵安新区唯一一家产业类国有平台公司。目前国内有两个地下数据中心。一个是2017年开工建设的腾讯贵安七星数据中心项目。该项目隧洞面积约为60000平方米，整个数据中心的工作、电力等设备全部置于其中，形成一个"高隐蔽、高防护、高安全"的绿色高效数据中心。还有一个正在筹备建设中，即某金融行业贵安数据中心。贵安新区产业发展控股集团有限公司是这两个全国仅有的地下洞库式数据中心的代建及运营单位。

众所周知，重大灾害和极端天气是人类社会面临的两个最高级别的威胁，数据中心设施也不例外。2012年，飓风"桑迪"的袭击致使赫芬顿邮报和巴兹菲德等网站无法登录，其数据中心运行也受到了影响。2015年发生天津大爆炸，腾讯天津数据中心、惠普云计算解决方案中心、国家超级计算天津中心损失惨重。2018年，飓风"佛罗伦萨"对位于北卡罗来纳州的苹果、亚马逊、Facebook和谷歌公司的数据中心造成了严重威胁。在全球范围内，面对重大灾害和极端天气的威胁，地下数据中心设施正在成为行业的新浪潮。这些设施采用多层结构，面积可达90000平方米。通常，这些设施采用废弃的地下掩体改建而成。例如，瑞士的诺克斯堡垒和英国的地堡等都被改建成了具有先进技术的数据中心，并且配备了面部识别监视和电磁脉冲保护系统。

地下建设的数据中心，提供了任何地上建筑设施无法比拟的安全性和弹性：一是洞内的岩石形成了天然屏障，可以抵御各种恶劣天气；二是地下更容易维持稳定的温度环境，地面10米以下基本恒温，这对必须在一定参数范围内运行的服务器极为有利；三是自然冷却的矿山环境非常有利于服务器机架和其他硬件的运行，可最小化硬件冷却能耗，为客户节省电能；四是隐形，可以有效应对采用卫星街道成像查看数据中心位置的搜索人，并隐藏所有内容和细节。然而，贵安新区产业发展控股集团有限公司在代建过程中发现，国内对洞库式数据中心的安全评价与灾害对策研究非常薄弱，也没有具体案例可供借鉴，导致一个非常有意思的现象，即"建设洞库式数据中心是为了使数据更加安全，但不知道依照什么标准和规范可以确保数据更加安全"。在项目决策和实施阶段，包括可行性研究、项目定义、设计、施工和竣工验收等，只能套用一般地下洞室工程的标准，浪费了大量人力、物力和财力。而在运营和使用阶段，在安全评价和灾害对策上又陷入了常规数据中心管理模式之中，缺乏洞库式数据中心的针对性管理策略。

针对上述问题，华为集团主动出击，欲与我们共同发起成立一家公益性质的法人机构——洞库式数据中心创新中心，重点开展以下几方面的研究。

一是以危险源的辨识理论为基础，确定洞库式数据中心的安全影响因子，从而建立洞库式数据中心安全因子评价指标，构建安全评价指标体系，建立安全评价预测模型，通过模型对已建洞库式数据中心项目的安全进行评价，预测可能发生的事故类型。

二是针对可能发生的事故类型搭建安全评价体系，主要包括以下几点：①在综合分析工程信息、三维地质模型信息的基础上，建立洞库式数据中心安全评价基础信息分析模型；②考虑复杂地质构造、洞室的特殊环境、内部工程设施的特点等对大型地下洞室安全稳定性的影响，研究地下洞库式数据中心安全影响因素的作用机制；③通过对外力作用下地下洞室围岩稳定参数局部与全局敏感性的分析，确定关键参数及各参数敏感性排序；④提出洞库式数据中心地下洞室安全评价模型与方法体系。

三是为有效降低地下洞室群的灾害损失，从灾害应急管理与决策角度出发，开展洞库式数据中心中大型地下洞室灾害对策分析原理与方法研究。

四是研究洞库式数据中心节能技术，辨识数据中心能效影响因素，建立能耗评价指标及预测模型，主要包括冷却方式（水或气）、气流组织、洞库尺寸、设备性能、智能化维护利用、故障应急机制等，明确节能机制及最优节能技术措施，提高能效。

五是以某金融行业数据中心建设为实证研究，在此基础上，为已建、在建或待建的洞库式数据中心提供包括可行性研究、设计、施工和竣工验收、安全应急管理等方面的参考。

六是为促进行业发展贡献智慧和力量，邀请国际及国内行业知名智库学者和专家，围绕洞库式数据中心建设运营定期举办论坛和学术交流，形成智库合作联盟，研究行业发展难点和重点问题，具体包括：①研究发电机进风排烟的气流组织、油罐的安全防护处理、发电机及油罐的消防措施；②研究设备防震、防尘、防护、快速更新维护技术，洞库高防护结构及验收技术参数；③研究洞库消防形式（建立实验，获取实验数据及认证）、洞库式数据中心超原消防规范问题的解决措施、洞库防火分区、疏散距离等。

鉴于编委会水平有限，本书肯定存在不足之处，欢迎大家批评指正。

编委会
2022-3-20

目 录

第 1 章 贵州数据中心特色与优势⋯⋯⋯⋯⋯⋯⋯⋯⋯⋯⋯⋯⋯⋯⋯⋯001
1.1 贵州拥有建设数据中心的先天条件和后天优势⋯⋯⋯⋯⋯⋯⋯001
1.2 贵州拥有建立数据中心集群的工作基础⋯⋯⋯⋯⋯⋯⋯⋯⋯⋯002

第 2 章 绿色数据中心建设与运行规范⋯⋯⋯⋯⋯⋯⋯⋯⋯⋯⋯⋯⋯008
2.1 范围⋯⋯⋯⋯⋯⋯⋯⋯⋯⋯⋯⋯⋯⋯⋯⋯⋯⋯⋯⋯⋯⋯⋯⋯008
2.2 规范性引用文件⋯⋯⋯⋯⋯⋯⋯⋯⋯⋯⋯⋯⋯⋯⋯⋯⋯⋯⋯008
2.3 绿色数据中心关键指标⋯⋯⋯⋯⋯⋯⋯⋯⋯⋯⋯⋯⋯⋯⋯⋯010
2.4 术语和定义⋯⋯⋯⋯⋯⋯⋯⋯⋯⋯⋯⋯⋯⋯⋯⋯⋯⋯⋯⋯⋯011

第 3 章 场地选址要素⋯⋯⋯⋯⋯⋯⋯⋯⋯⋯⋯⋯⋯⋯⋯⋯⋯⋯⋯⋯015
3.1 数据中心选址原则⋯⋯⋯⋯⋯⋯⋯⋯⋯⋯⋯⋯⋯⋯⋯⋯⋯⋯015
3.2 地质灾害⋯⋯⋯⋯⋯⋯⋯⋯⋯⋯⋯⋯⋯⋯⋯⋯⋯⋯⋯⋯⋯⋯015
3.2.1 地段影响⋯⋯⋯⋯⋯⋯⋯⋯⋯⋯⋯⋯⋯⋯⋯⋯⋯⋯016
3.2.2 常水位和洪水位影响⋯⋯⋯⋯⋯⋯⋯⋯⋯⋯⋯⋯⋯016
3.2.3 土壤氡浓度影响⋯⋯⋯⋯⋯⋯⋯⋯⋯⋯⋯⋯⋯⋯⋯016
3.3 气候指标⋯⋯⋯⋯⋯⋯⋯⋯⋯⋯⋯⋯⋯⋯⋯⋯⋯⋯⋯⋯⋯⋯017
3.3.1 城市温度⋯⋯⋯⋯⋯⋯⋯⋯⋯⋯⋯⋯⋯⋯⋯⋯⋯⋯017
3.3.2 城市湿度⋯⋯⋯⋯⋯⋯⋯⋯⋯⋯⋯⋯⋯⋯⋯⋯⋯⋯018
3.3.3 城市空气质量⋯⋯⋯⋯⋯⋯⋯⋯⋯⋯⋯⋯⋯⋯⋯⋯019
3.4 交通条件⋯⋯⋯⋯⋯⋯⋯⋯⋯⋯⋯⋯⋯⋯⋯⋯⋯⋯⋯⋯⋯⋯020
3.5 网络带宽⋯⋯⋯⋯⋯⋯⋯⋯⋯⋯⋯⋯⋯⋯⋯⋯⋯⋯⋯⋯⋯⋯021

3.6 税率..........022
3.7 能源源头、能源费用及地方扶持政策等..........022
3.8 应用实例..........023
    3.8.1 地上数据中心..........023
    3.8.2 利用天然地形打造坚固、安全的洞库式数据中心..........023

第 4 章 建筑与结构..........025
4.1 基本要求..........025
4.2 建筑总体布局及设计..........025
    4.2.1 场地设计要求..........025
    4.2.2 建筑组成及总平面..........026
    4.2.3 建筑平面和竖向空间要求..........027
    4.2.4 立面造型与材料要求..........029
4.3 结构要求..........030
    4.3.1 地上数据中心结构选型及结构布置..........030
    4.3.2 洞库式数据中心结构选型及结构布置..........032
    4.3.3 结构材料..........034
4.4 应用实例..........034
    4.4.1 总平面布局..........034
    4.4.2 平面布置..........035
    4.4.3 立面造型及竖向空间..........036
    4.4.4 隧道结构设计..........036

第 5 章 电气要求..........038
5.1 基本要求..........038
    5.1.1 金融行业数据中心电气架构设计原则..........039
    5.1.2 电气设备设计标准..........041
5.2 供配电..........042
    5.2.1 供配电要求..........042
    5.2.2 供配电系统规划与设计..........046
5.3 照明..........052

5.4 设备与动力装置 ··· 054
5.4.1 设备与动力装置要求 ··· 054
5.4.2 动力配电 ··· 055
5.5 防雷接地 ··· 059
5.5.1 防雷接地要求 ··· 059
5.5.2 设计参考标准 ··· 060
5.6 建筑设备监控系统 ··· 061
5.7 应用实例 ··· 063

第6章 室内装修要求 ··· 064
6.1 基本要求 ··· 064
6.2 公共区域 ··· 065
6.3 IT机房、ECC控制中心及能源供给用房 ··· 065
6.4 配套空间 ··· 068
6.5 应用实例 ··· 068
6.5.1 某洞库式数据中心装修材料 ··· 068
6.5.2 装修难点及解决措施 ··· 069

第7章 制冷通风 ··· 070
7.1 基本要求 ··· 070
7.2 数据中心设计参数及负荷计算 ··· 071
7.3 合理利用气候环境建立绿色数据中心 ··· 072
7.4 制冷通风规定 ··· 072
7.5 围护结构节能 ··· 073
7.6 充分利用自然冷源 ··· 073
7.7 冷热通道隔离 ··· 074
7.8 送回风温度的设定 ··· 074
7.9 设备布局与气流组织 ··· 074
7.10 监测与控制 ··· 075
7.11 空调系统形式 ··· 076
7.12 能量综合利用 ··· 077

7.13 自然冷源利用··077
7.14 设备选型··078
7.15 室外机安装··078
7.16 应用实例··079

第8章 海绵城市及绿色给排水································082

8.1 基本要求··082
8.2 海绵城市概念··082
8.3 海绵城市建设意义··083
8.4 数据中心的建设须充分考虑海绵城市的开发和运用····························084
8.5 充分考虑中水回用，合理、有效利用水资源··································086
  8.5.1 概念··087
  8.5.2 原理··087
  8.5.3 技术特点··087
8.6 合理利用雨水··088
8.7 选用节水新材料、新技术··089
  8.7.1 节水型水龙头··089
  8.7.2 节水型便器冲洗设备··089
  8.7.3 管材采用绿色环保材料··090
8.8 保证数据中心供水安全和水质安全··091
8.9 引进BIM技术···092
8.10 应用实例···093
  8.10.1 基本情况及要求···093
  8.10.2 设计思路···094
  8.10.3 开发步骤···094
  8.10.4 总体方案设计···095

第9章 机架布局及综合布线······································098

9.1 基本要求··098
9.2 机柜要求··098
  9.2.1 数据中心机房规划··098

9.2.2　设备布置 ·· 099
9.3　综合布线 ··· 100
9.4　预埋线槽和暗管敷设缆线 ·· 102
9.5　光缆敷设 ··· 103
　　9.5.1　架空光缆 ·· 103
　　9.5.2　直埋光缆 ·· 104
　　9.5.3　管道光缆 ·· 106
　　9.5.4　水底光缆 ·· 106

第 10 章　IT 设备与网络要求 ·· 108

10.1　基本要求 ··· 108
10.2　设备选型 ··· 109
　　10.2.1　主机设备选型 ··· 110
　　10.2.2　存储设备选型 ··· 110
　　10.2.3　网络通信设备选型 ··· 111
10.3　设备物理性能 ··· 111
　　10.3.1　系统硬件关键要求 ··· 111
　　10.3.2　主机设备技术指标要求 ··· 111
　　10.3.3　存储要求 ·· 112
10.4　设备安装 ··· 114
10.5　网络要求 ··· 114
10.6　安全要求 ··· 116
　　10.6.1　物理安全 ·· 116
　　10.6.2　数据安全 ·· 117
　　10.6.3　网络安全 ·· 118
　　10.6.4　主机安全 ·· 120
　　10.6.5　应用安全 ·· 121
　　10.6.6　云平台虚拟安全防护 ··· 122
10.7　实时监测 ··· 123

第11章 金融安全自主可控 ... 125

- 11.1 基本要求 ... 125
- 11.2 安全风险因素 ... 126
- 11.3 物理安全 ... 126
- 11.4 敏感数据保护 ... 132
- 11.5 系统安全管理 ... 133
- 11.6 软件完整性保护 ... 134
- 11.7 禁止端口滥用 ... 134
- 11.8 隐私保护 ... 135
- 11.9 漏洞扫描与测试 ... 135
- 11.10 网络安全证书 ... 136
- 11.11 应用实例 ... 136

第12章 安防与消防要求 ... 139

- 12.1 基本要求 ... 139
- 12.2 动力环境监控系统 ... 140
- 12.3 视频监控系统 ... 140
- 12.4 消防要求 ... 143

第13章 节能要求 ... 145

- 13.1 基本要求 ... 145
- 13.2 建筑节能 ... 146
- 13.3 供配电节能 ... 148
- 13.4 照明节能 ... 149
- 13.5 制冷节能 ... 150
- 13.6 设备节能 ... 151
- 13.7 运维节能 ... 152
  - 13.7.1 基础设施智能化运维 ... 152
  - 13.7.2 基础设施可视化运维 ... 153
- 13.8 其他节能 ... 153

13.9 应用实例············154

第14章 绿色施工管理与绿色施工技术············155

14.1 绿色施工管理············155

14.2 环境保护技术············157

    14.2.1 扬尘控制············157

    14.2.2 废气排放控制············158

    14.2.3 噪声与振动控制············158

    14.2.4 光污染控制············158

    14.2.5 水污染控制············159

    14.2.6 土壤保护············159

    14.2.7 建筑垃圾控制············160

    14.2.8 地下设施、文物和资源保护············160

14.3 节材与材料资源利用技术············160

    14.3.1 节材措施············160

    14.3.2 结构材料············161

    14.3.3 围护材料············161

    14.3.4 装饰装修材料············162

    14.3.5 周转材料············162

14.4 节水与水资源利用技术············163

    14.4.1 提高用水效率············163

    14.4.2 非传统水源利用············164

    14.4.3 用水安全············164

14.5 节能与能源利用技术············164

    14.5.1 节能措施············164

    14.5.2 机械设备与机具············165

    14.5.3 生产、生活及办公临时设施············165

    14.5.4 施工用电及照明············166

14.6 节地与施工用地保护技术············166

    14.6.1 临时用地指标············166

14.6.2　临时用地保护 ·· 166

14.6.3　施工总平面布置 ·· 167

14.7　应用实例 ·· 167

第 15 章　运营管理

15.1　基本要求 ·· 171

15.2　管理制度 ·· 172

15.3　设备运行要求 ·· 173

15.4　软件安全要求 ·· 173

15.5　能源管理体系建设 ·· 174

15.5.1　IT 及网络设施节能管理 ·· 174

15.5.2　基础设施节能管理 ·· 174

第 16 章　智能化系统 ··· 176

第 17 章　云托管和云服务

17.1　云托管 ·· 178

17.2　云服务 ·· 179

17.2.1　云服务平台建设原则 ·· 179

17.2.2　云服务平台功能要求 ·· 179

附录 A　PUE 计算公式 ··· 188

附录 B　WUE 计算公式 ·· 189

附录 C　数据中心生命周期碳排放量计算方法 ·· 190

附录 D　可再生能源利用率计算公式 ·· 192

第1章

贵州数据中心特色与优势

1.1 贵州拥有建设数据中心的先天条件和后天优势

1. 贵州地理位置特殊,具有重要战略地位

贵州离我国最西端 3000 千米,离最东端钓鱼岛 2000 千米,离最北端漠河 2900 千米,离最南端南沙 2600 千米,位于我国版图中心。贵州是"老三线"时期重点省份之一,是国家后方重要战略储备力量。数据是经济和社会发展的必要生产要素,也是战略基础设施,关系到国家安全。贵州正积极构建国家战略纵深的数据"新三线"。

2. 贵州气候条件优越

贵州位于云贵高原之上,属于亚热带季风气候,地处北纬 24°~29°,平均海拔 1100 米,平均气温 14~16℃,夏季平均气温只有 22.5℃,比其他省份凉爽得多。较低的气温可以有效减少控温设备的运行能耗,有利于建立绿色数据中心。

3. 贵州地质条件稳定

贵州不在主要地震带上，发生破坏性地震的概率极低。20世纪以来，我国共发生800余次6级以上的地震，但贵州均在名单之外。此外，贵州地区气象灾害发生的频率也不高（如台风、洪涝等）。贵州处于喀斯特地貌地区，全省95%区域是山区，可开山建设数据中心。

4. 贵州拥有安全可靠的廉价电力资源

贵州拥有丰富的水利资源（乌江和南、北盘江）和煤炭资源（六盘水、安顺煤矿），全网装机容量位居全国前列，是我国西电东输的主要输电区。水电装机容量占全省装机容量的42%，居全国第四，水电资源开发率高达96.7%。将数据中心建在贵州，不仅可以获得充足、稳定的电力供应，还能有效降低用电成本。

1.2 贵州拥有建立数据中心集群的工作基础

在党中央、国务院的亲切关怀下，以及国家发展和改革委员会、工业和信息化部、中共中央网络安全和信息化委员会办公室等部委的大力支持下，贵州在大数据引领下发生了历史性变化，成为了全国大数据发展的热土，为全国发展大数据坚定了信心、探索了路子、积累了经验，走出了一条西部地区利用大数据实现弯道取直、后发赶超、同步小康的发展新路。2021年12月20日，国家发展和改革委员会等部门发函（发改高技〔2021〕1842号），同意在贵州启动建设全国一体化算力网络国家枢纽节点。

1. 建设首个国家大数据综合试验区，各项试验任务圆满完成

2016年2月，国家发展改革委员会、工业和信息化部、中共中央网络安全和信息化委员办公室批复贵州建设全国首个国家大数据综合试验区。2016年5月，工业和信息化部授予贵州省"贵州·中国南方数据中心示范基地"称号。

贵州深入贯彻习近平总书记关于大数据战略系列重要指示精神，全面落实党中央、国务院决策部署，把建设国家大数据综合试验区作为全省大数据战略行动的主平台和主抓手，出台《中共贵州省委省人民政府关于实施大数据战略行动建设国家大数据综合试验区的意见》及7项试验实施方案、工作推进机制等"1+8"文件，制定百余项重点任务，挂图作战、挂牌督办，以坚强的领导、强力的措施持续深入推进大数据制度创新试验、数据中心整合利用试验、数据共享开放试验、大数据创新应用试验、大数据产业集聚发展试验、大数据资源流通与交易试验、大数据国内外交流合作试验7项系统性试验，先行先试、改革创新。从总体上看，圆满完成了各项试验任务，取得了较好成效。

2. 成为国家关键信息基础设施核心节点

贵州充分发挥中国南方最适合建设数据中心的先天优势，实施数据资源汇聚工程，大力引进落地数据资源。贵州实施信息基础设施建设三年会战，加快关键网络基础设施建设，着力突破信息基础设施瓶颈，努力打造全国大数据内容中心。世界银行前行长金镛到贵州考察时，称赞贵州是"世界的大数据中心"。

（1）多个超大型数据中心落户贵州。

中国电信、中国移动、中国联通、腾讯、华为、苹果、富士康等一批国际级、国家级、行业级数据中心、灾备中心落地贵州，48个国家部委、行业和标志性企业数据资源落户贵州。被称为"中国天眼"的500米口径球面射电望远镜在贵州建成，每秒产生3.9GB数据，吸引了全世界天文科学家的关注与参与。

目前，全省投入运营及在建的重点数据中心共有29个，设计机架承载能力13万架，设计服务器承载能力170万台。其中，落户在贵安新区的数据中心均是超大型数据中心，分别是中国电信、中国移动、中国联通集团南方数据中心，华为全球私有云数据中心，腾讯全球核心数据中心，苹果 iCloud 数据中心，中国某金融行业清算总中心。此外，FAST、国铁集团、中国建设银行等大型数据中心项目已在贵安新区选址，正在进行可行性研究及行政审批。

贵州推进数据中心绿色化发展，全省数据中心 PUE 平均值达到 1.56，比全国数据中心 PUE 平均值低 4.3%。其中，位于贵安新区的富士康绿色隧道中心 PUE 值低至 1.05，成为全国唯一获得国际最高等级认证的绿色数据中心建筑。贵州有 6 家数据中心进入国家绿色数据中心名单（第一批），数量居全国第二。

（2）核心节点和通道取得重大突破。

建成贵阳·贵安国家级互联网骨干直联点，跻身全国 13 大互联网顶层节点，初步形成全国信息存储交换重要枢纽。建成根镜像服务器和国家顶级域名节点，成为中西部地区第一个根镜像服务器节点、第三个国家顶级域名节点。获批建设贵阳·贵安国际互联网数据专用通道，国际通信网络性能和地位大幅提升。全省互联网出省带宽从 2016 年 3060Gbit/s 增长到 2019 年 12000Gbit/s。

（3）信息基础设施水平进入全国第二方阵。

2016—2019 年，贵州信息基础设施建设累计完成投资 642 亿元，投资额大幅增长。城乡高速宽带网络建设大跨越前进，实现所有行政村光纤宽带和 4G 网络全覆盖，30 户以上自然村 4G 网络覆盖率达到 94%，通信光缆由 2016 年 64 万千米增长至 113 万千米，固定家庭宽带下载速率处于西部领先水平。5G 等前沿应用加快落地，贵阳市成为国家发展和改革委员会批准的首批 5G 试点城市之一。信息基础设施水平从全国第 29 位提升至第 15 位，进入第二方阵。

3. 大数据产业发展指数位列全国前三，制度保障走在全国前列

（1）政策环境不断优化。贵州着力打造全国大数据发展首选试验田，出台《关于加快大数据产业发展应用若干政策的意见》《关于推动数字经济加快发展的意见》《推进 5G 建设发展的实施意见》等一系列政策，设立大数据发

展专项资金,成立大数据发展基金,从保障建设用地、降低用电成本、支持创业创新、支持企业人才落地等方面支持、推动大数据发展应用。全省形成了大数据大家学、大家用、大家干的良好氛围。根据国家工业信息安全发展研究中心发布的《2019中国大数据产业发展报告》,贵州大数据产业发展指数居全国第三位。

(2)制度保障走在全国前列。2016年,贵州颁布全国首部大数据法规《贵州省大数据发展应用促进条例》,开创了全国大数据立法先河,目前已颁布《贵州省大数据安全保障条例》等5部地方性法规,政府数据共享开放立法进入省人大审议,即将出台。贵州制订了《贵州省大数据战略行动问责办法》《贵州省政务数据资源管理暂行办法》等系列制度,获批建设全国首个国家技术标准创新基地(贵州大数据),主导、参与编制大数据相关国际标准、国家标准、地方标准及团体标准175项。

4. 数据治理能力大幅提升,数据融合应用价值加速释放

云上贵州"一朵云"在全国率先实现统揽省市县三级所有政府部门信息系统和数据,实现所有系统网络通、应用通、数据通。贵州省级政府数据开放指数连续三年排名全国前三,统筹"一云一网一平台"建设提升"一网通办"效能做法得到国务院通报表彰,"贵州省政务信息系统整合共享应用实践"被中共中央网络安全和信息化委员会办公室、国家发展和改革委员会评为"数字中国建设"年度最佳实践,"云上贵州"一体化建设模式被国家发展和改革委员会、国家信息中心在全国推广,贵州成为国家电子政务云数据中心南方节点、国家政务信息系统整合共享试点省、国家公共信息资源开放试点省。

5. 大数据产业成为经济发展的重要增长点

贵州坚持产业是目的,大力做优做强大数据产业。实施"千企改造""千企引进""万企融合""百企引领""寻苗行动"等行动,发展大数据核心业态、关

联业态、衍生业态，推动产业数字化、数字产业化，建设国家级贵阳·贵安大数据产业发展集聚区、贵阳大数据产业技术创新试验区，大数据产业蓬勃发展。

（1）大数据产业保持高位增速。根据中国信息通信研究院发布的《中国数字经济发展白皮书（2020年）》，2019年贵州数字经济增速达22.1%，继续领跑全国，连续5年排名全国第一。数字经济吸纳就业增速连续两年排名全国第一，全省软件业务收入年均增长28.5%，规模以上电子信息制造业占工业比重从0.3%提高到1.7%，电信业务总量、业务收入增幅连续排名全国前列，智慧物流、智慧旅游、共享经济等新业态、新模式不断涌现。全省数字经济已呈现产业发展高速增长、融合应用日益深化、数字治理不断提升、数字红利加速释放、基础保障持续巩固的良好态势。大数据产业发展指数位居全国第三，运用大数据推动转型升级的做法，成为国务院第四次大督查中的典型经验。大数据主体产业成为转动能、稳增长的重要支撑。

（2）新市场主体如雨后春笋般蓬勃发展。新业态不断涌现、快速成长，易鲸捷、数联铭品、航天云网等一批本土企业不断成长壮大，货车帮（满帮）成长为独角兽企业，朗玛信息连续4年入选中国互联网企业100强，白山云服务中国70%互联网用户，入选中国"科创企业百强榜"和硅谷"红鲱鱼2019亚洲百强"，远东诚信、翼帆金融等区块链企业入选中国区块链企业百强。

（3）大数据与实体经济融合水平快速提升。实施"万企融合"大行动，在全省推进大数据和实体经济深度融合，分产业、分行业开展融合大行动，发放"云使用券"助推"企业上云"。2016—2019年共打造347个融合典型示范项目，涌现了贵州工业云、航天电器、贵阳海信等国家级融合试点示范项目，振华电子、满帮、盘江精煤等入选工业和信息化部"企业上云"典型案例。近三年，两化融合指数在全国的排名上升6位，重点行业数字化研发设计工具普及率提高4.8个百分点，关键工序数控化率提高3.4个百分点。贵州大数据与实体经济融合水平正由初级阶段向中级阶段加速迈进。

（4）大数据技术创新能力大幅提升。建成提升政府治理能力大数据应用技术国家工程实验室、中科院软件所贵阳分所、大数据战略重点实验室等科研平台，成立贵阳大数据创新产业（技术）发展中心、太极-IBM贵阳智慧旅游联合创新中心、思爱普贵阳大数据应用创新中心、贵州伯克利大数据创新研究中心等一批大数据创新平台，全省已创建大数据科研机构28个。发布大数据领域科技榜单，每年组织开展大数据创业创新大赛，着力突破大数据应用中的关键共性技术问题，实现了一批成果在贵州转化。

6. 连续6年成功举办"数博会"，成为大数据领域国际性盛会、世界级平台

2015年率先举办国际大数据产业博览会——"数博会"，2016年升格为国家级盛会，习近平总书记2018、2019年连续两年发来贺信，李克强总理2016年出席大会并发表重要演讲。"数博会"影响力不断增强，关注度越来越高，已经成为全球大数据领域影响最大、权威引领性最强、专业化程度最高、业界精英汇聚最多的国际性平台之一。

第 2 章

绿色数据中心建设与运行规范

2.1 范围

本标准规定了金融行业绿色数据中心建设与运行的基本要求。

本标准适用于金融行业新建、改建、扩建的数据中心和既有数据中心,可作为金融行业绿色数据中心评定的依据。

2.2 规范性引用文件

下列文件对于本标准的应用是必不可少的。凡是注日期的引用文件,仅注日期的版本适用于本标准。凡是不注日期的引用标准,其最新版本(包括所有的修改单)适用于本标准。

GB/T 8175《设备及管道绝热设计导则》

GB/T 14715《信息技术设备用不间断电源通用规范》

GB 19577《冷水机组能效限定值及能效等级》

GB 21455《转速可控型房间空气调节器能效限定值及能效等级》

GB/T 22239《信息安全技术 网络安全等级保护基本要求》

GB/T 25070《信息安全技术 网络安全等级保护安全设计技术要求》

GB/T 28448《信息安全技术 网络安全等级保护测评要求》

GB/T 32910.3《数据中心 资源利用 第3部分：电能能效要求和测量方法》

GB/T 34982《云计算数据中心基本要求》

GB/T 36958《信息安全技术 网络安全等级保护安全管理中心技术要求》

GB 40879《数据中心能效限定值及能效等级》

GB 50011《建筑抗震设计规范》

GB 50015《建筑给水排水设计规范》

GB 50016《建筑设计防火规范》

GB 50019《工业建筑供暖通风与空气调节设计规范》

GB 50034《建筑照明设计标准》

GB 50052《供配电系统设计规范》

GB 50054《低压配电设计规范》

GB 50068《建筑结构可靠度设计统一标准》

GB 50084《自动喷水灭火系统设计规范》

GB 50116《火灾自动报警系统设计规范》

GB 50118《民用建筑隔声设计规范》

GB 50140《建筑灭火器配置设计规范》

GB 50174《数据中心设计规范》

GB 50189《公共建筑节能设计标准》

GB 51195《互联网数据中心工程技术规范》

GB 50217《电力工程电缆设计标准》

GB 50222《建筑内部装修设计防火规范》

GB 50311《综合布线系统工程设计规范》

GB 50325《民用建筑工程室内环境污染控制规范》

GB 50370《气体灭火系统设计规范》

GB 50462《数据中心基础设施施工及验收规范》

GB 50689《通信局(站)防雷与接地工程设计规范》

GB 50974《消防给水及消火栓系统技术规范》

GB 50352《民用建筑设计统一标准》

《绿色数据中心建筑评价技术细则（2015年）》

2.3 绿色数据中心关键指标

按照数据中心设计可承载机柜（主设备）负荷能力，换算为2.5kW功率的标准机柜数量，将数据中心分为以下级别。

（1）超大型数据中心：标准机柜数≥10000个，或者主设备设计功率≥25000kW。

（2）大型数据中心：6000个≤标准机柜数＜10000个，或者15000kW≤主设备设计功率＜25000kW。

（3）中小型数据中心：标准机柜数＜6000个，或者主设备设者计功率＜15000kW。

平均单机架功率高不低于6Kw，密计算设备单柜功率不低于20kW。

数据中心设计PUE：不超过1.2。新建大型、超大型数据中心投产期第一年不超过1.25，第二年不超过1.2。原有数据中心改造后不超过1.3。

新建数据中心WUE：不超过1.1，原有水冷为主的数据中心不超过2.6。

数据中心RER不低于30%。

数据中心IT设备负荷使用率（一年内数据中心机柜实际平均用电负荷功率与数据中心机柜标称平均功率的比值）不低于50%。

数据中心上架率从投产第三年起不低于60%。

数据中心绿色等级应达到G4（YD/T 2441中G1~G5对应绿色等级评估A~AAAA），宜达到G5。

数据中心可靠性等级宜达到R3。

数据中心安全性等级宜达到S5。

2.4 术语和定义

下列术语和定义适用于本标准。

1. 数据中心（Data Center）

为集中放置的电子信息设备提供运行环境的建筑场所，可以是一栋或几栋建筑物，也可以是一栋建筑物的一部分。

2. 绿色数据中心（Green Data Center）

在全生命周期内，在确保信息处理及支撑设备安全、稳定、可靠运行的条件下，最大限度地节约能源和资源、保护环境、减少污染，提高能源利用效率，为设备和工作人员提供安全、适用和高效的使用空间，并与自然和谐共生的数据中心。

3. 洞库式数据中心

采用特大隧道断面放置电子信息设备并提供运行环境的建筑场所，可以由一条或几条隧道组成。

4. 装配式数据中心

以工业化生产方式的系统性建造体系为基础，由预制部品部件在工地装配而成，集中放置电子信息设备并提供运行环境的建筑场所。

5. 金融行业数据中心

专门放置应用于金融行业的电子信息设备，并为其提供运行环境的建筑场所。

6. 主机房（Computer Room）

主要用于数据处理设备安装和运行的建筑空间，包括服务器机房、网络机房、存储机房等功能区域。

7. 辅助区（Auxiliary Area）

用于电子信息设备和软件的安装、调试、维护、运行监控和管理的场所，包括进线间、测试机房、总控中心、消防和安防控制室、拆包区、备件库、打印室、维修室等区域。

8. 支持区（Support Area）

为主机房、辅助区提供动力支持和安全保障的区域，包括变配电室、柴油发电机房、电池室、空调机房、动力站房、不间断电源系统用房、消防设施用房等。

9. 金融数据

金融行业所涉及的市场数据、公司数据、行业指数和定价数据等的统称，凡是金融行业涉及的数据都可被归入金融市场大数据体系中，为从业者进行市场分析提供参考。

10. 网络延时（RTT）

一个 IP 包从源主机进程发出开始至到达目的主机进程为止所经历的时间，以毫秒（ms）为单位。

11. 上架率

实际上架机架的设计功率与机架设计总功率的比值。假设机架设计总功率为 X，其中，M 个上架机架的设计功率为 A，N 个上架机架的设计功率为 B，那么，IT 设备上架率为 $(M \times A + N \times B)/X$。以上功率单位为 kW。

12. 电能利用效率（Power Usage Effectiveness，PUE）

数据中心内所有用电设备消耗的总电能与所有电子信息设备消耗的总电能之比。

13. 水利用效率（Water Usage Effectiveness，WUE）

数据中心内所有用水设备消耗的总水量与所有电子信息设备消耗的总电能之比。

14. 双重电源（Duplicate Supply）

一个负荷的电源是由两个电路提供的，这两个电路就安全供电而言被认为是相互独立的。

15. 不间断电源系统（Uninterruptible Power System，UPS）

由变流器、开关和储能装置组合构成的系统，在输入电源正常或故障时，输出交流或直流电能，在一定时间内维持对负载供电的连续性。

16. 可再生能源利用率（Renewable Energy Ratio，RER）

可再生能源指自然界中可以循环再生的能源，主要包括太阳能、风能、水能、生物质能、地热能和海洋能等。RER 为可再生能源供电量与数据中心总耗电量的比直。

17. 碳利用效率（Carbon Usage Effectiveness，CUE）

碳利用效率是在双碳背景下运营可量化碳排放的指标。

18. 平均机架设计功率

平均机架设计功率等于机架设计总功率除以机架总数，单位是 kW。

19. 平均机架运行功率

实际已运行机架的平均功率。假设在实际运行的机架中，M 个机架的实际运行功率为 A，N 个机架的实际运行功率为 B，那么，平均机架运行功率为 $(M \times A + N \times B)/(M+N)$。以上功率单位为 kW。

20. 数据中心设计总功率

满足所有机架在设计功率内满负荷正常运行条件下，IT 设备、制冷系统、供配电系统及照明等配套设施所需的全部功率。

21. 名义工况性能系数（Coefficient of Performance，COP）

在规定工况下，机组以同一单位表示的制冷（热）量与总输入电功率的比值。

第3章

场地选址要素

3.1 数据中心选址原则

（1）数据中心在地理位置和建设规模上应能适应城市发展和通信技术发展的需要，并与企业的长远发展统筹考虑。

（2）数据中心的建设应与城市建设的总体规划相适应，并考虑交通、供水、供电方便，尽量避开地震带、电气化铁路，避免强电、磁场的干扰。

（3）数据中心占地面积应能够满足未来20年通信业务发展的需要。

（4）数据中心应有较好的环境，周围不得有烟雾、粉尘等有害气体、有害物质的污染源。

（5）数据中心应有可靠的电力保证。

（6）根据需要存储的金融行业数据类型综合考虑数据中心的选址。

3.2 地质灾害

数据中心由于投资规模较大，且存储数据重要性极高，因此对环境的安全级别要求非常高，尤其是对地质灾害和气象灾害的安全防护，各种类型的地质灾害或气象灾害都有可能对数据中心的安全产生严重威胁。因此，在数据中心选址过程中，应对当地的地质灾害和气象灾害状况进行全面、深入的研究。重点地质灾害和气象灾害主要包括地震、洪水、飓风、龙卷风等。

3.2.1 地段影响

选择建筑场地时，应首先评估该场地属于哪一类地段（抗震有利、一般、不利和危险地段）。数据中心用房宜选择抗震有利地段（稳定基岩，坚硬土，开阔、平坦、密实、均匀的中硬土等）及一般地段，建议在不同城市可选址范围内，宜选择抗震设防烈度不高于6度的城市区域；建筑场地与各类危险源的距离应满足相应危险源的安全防护距离的控制要求，抗震防灾设计应符合现行国家标准《城市抗震防灾规划标准》（GB 50413—2007）及《建筑抗震设计规范》（GB 50011—2010）的要求。

3.2.2 常水位和洪水位影响

选择建筑场地时，还应考虑备选场地所在城市区域的常水位和洪水位，根据数据中心的级别定位对应的洪水等级。A级机房的选址应考虑百年一遇的洪水，不应受百年一遇洪水的影响；B级机房的选址应考虑50年一遇的洪水，不应受50年一遇洪水的影响。场地的防洪设计应符合现行国家标准《防洪标准》（GB 50201—2014）及《城市防洪工程设计规范》（GB/T 50805—2012）的规定。

3.2.3 土壤氡浓度影响

选择建筑场地时，也应考虑备选场地的土壤氡浓度，与土壤氡浓度测定、防护、控制相关的国家标准为《民用建筑工程室内环境污染控制规范》（GB 50325）；新建、扩建的民用建筑工程设计前，必须进行建筑场地土壤氡浓度的测定，提供相应的检测报告；应提出数据中心建筑工程地点土壤氡浓度的测定方法及防氡措施。

3.3 气候指标

东数西算是国家战略性工程，将围绕 8 个国家算力枢纽节点，建设 10 个国家数据中心集群。

8 个国家算力枢纽节点：内蒙古枢纽、宁夏枢纽、京津冀枢纽、长三角枢纽、甘肃枢纽、成渝枢纽、贵州枢纽、粤港澳枢纽。

10 个国家数据中心集群：张家口集群（起步区为张家口市怀来县、张北县、宣化区）、长三角生态绿色一体化发展示范区集群（包括上海市青浦区、江苏省苏州市吴江区、浙江省嘉兴市嘉善县）、芜湖集群（起步区为芜湖市鸠江区、弋江区、无为市）、韶关集群（起步区边界为韶关高新区）、天府集群（起步区为成都市双流区、郫都区、简阳市）、重庆集群[起步区为重庆市两江新区水土新城、西部（重庆）科学城璧山片区、重庆经济技术开发区]、贵安集群、和林格尔集群（起步区边界为和林格尔新区和集宁大数据产业园，地属呼和浩特）、庆阳集群（地属甘肃东部）、中卫集群（地属宁夏中西部）。

有利的气候条件可以体现在数据中心的制冷设计方案中，能够大幅降低数据中心的运营成本。现就选址城市的温度、湿度、空气质量三个方面进行分析。

3.3.1 城市温度

选址时，城市温度是三项指标中的首选项，其与数据中心主机房室内温度有着直接联系，也是降低数据中心 PUE 值最有效的自然条件。应尽可能选择年平均气温在 10℃ 左右的城市，以便于自然冷却。

贵安集群：贵阳市年平均气温为 12.0～19.0℃。

庆阳集群：甘肃庆阳市年平均气温为5.0～13.0℃。

和林格尔集群：呼和浩特年平均气温为2.0～14.0℃。

中卫集群：地属宁夏，宁夏年平均气温为5.0～18.0℃。

天府集群：成都市年平均气温为14.0～22.0℃。

简阳市年平均气温为14.0～21.0℃。

重庆集群：重庆市年平均气温为17.0～23.0℃。

长三角生态绿色一体化发展示范区集群：上海市年平均气温为15.0～22.0℃。

苏州市年平均气温为15.0～22.0℃。

浙江省嘉兴市嘉善县年平均气温为14.0～22.0℃。

芜湖集群：芜湖年平均气温为14～22℃。

韶关集群：韶关市年平均气温为18.0～26.0℃。

张家口集群：张家口市年平均气温为4.0～16.0℃。

以上地区年平均气温数据来源于"天气+（www.tianqi.com）"。

3.3.2 城市湿度

选址时可综合考虑城市的年平均相对湿度及年平均总降雨量，可将其与数据中心主机房环境要求中的相对湿度进行横向对比，将主机房、辅助区等室内相对湿度取值范围作为选址的参考因素。

贵阳年平均相对湿度为77%，年平均总降雨量为1129.5毫米；甘肃庆阳市年平均相对湿度约为47%；呼和浩特年平均相对湿度为45%～50%；宁夏年平均总降雨量为166.9～647.3毫米，北少南多，差异明显，中部盐池同心一带在300毫米左右；成都年平均相对湿度为70%～80%，年平均总降雨量在1000毫米左右；重庆市年平均相对湿度为70%～80%，大部分地区年平均总降雨量为1000～1350毫米；上海市年平均相对湿度约为75%，年平均总降雨量为1042.6

毫米，全年 70% 左右的降雨量集中在 5 月至 9 月的汛期；苏州市年平均相对湿度约为 80%，年平均总降雨量在 1100 毫米左右；嘉兴市嘉善县年平均相对湿度约为 68%；芜湖降雨充沛，年平均总降雨量为 1200 毫米；韶关年平均总降雨量为 1400~2400 毫米；张家口市，年平均总降雨量为 406 毫米。以上地区年平均相对湿度、年平均总降雨量数据来源于"中国天气"（www.weather.com.cn）等网站。

3.3.3 城市空气质量

可根据国家标准《环境空气质量标准》（GB 3095—2012）和空气质量指数（AQI）范围及相应类别（表 3-1），到相关部门查阅选址城市区域的空气质量指数级别。

选址时可将城市的空气质量指数与数据中心主机房环境要求中的空气粒子浓度进行横向比较，外环境空气质量指数级别越高，越有利于主机房室内环境空气粒子浓度控制，可相应减少空气净化设备的工作能耗。

表 3-1 空气质量指数

空气质量指数	空气质量指数级别	空气质量指数类别及表示颜色		对健康影响情况	建议采取的措施
0~50	一级	优	绿色	空气质量令人满意，基本无空气污染	各类人群可正常活动
51~100	二级	良	黄色	空气质量可接受，但某些污染物可能对极少数异常敏感人群健康有较弱影响	极少数异常敏感人群应减少户外活动
101~150	三级	轻度污染	橙色	易感人群症状有轻度加剧，健康人群出现刺激症状	儿童、老年人及心脏病、呼吸系统疾病患者应减少长时间、高强度的户外锻炼

续表

空气质量指数	空气质量指数级别	空气质量指数类别及表示颜色		对健康影响情况	建议采取的措施
151~200	四级	中度污染	红色	进一步加剧易感人群症状,可能对健康人群心脏、呼吸系统有影响	儿童、老年人及心脏病、呼吸系统疾病患者避免长时间、高强度的户外锻炼,一般人群适量减少户外运动
201~300	五级	重度污染	绿色	心脏病和肺病患者症状显著加剧,运动耐受力降低,健康人群普遍出现症状	儿童、老年人和心脏病、肺病患者应停留在室内,停止户外运动,一般人群减少户外运动
>30	六级	严重污染	褐红色	健康人群运动耐受力降低,有明显强烈症状,提前出现某些疾病	儿童、老年人和病人应当留在室内,避免体力消耗,一般人群应避免户外活动

此外,还要考虑数据中心备选地点是否有免费的外部空气用于冷却,这是非常好的优势资源。

3.4 交通条件

不建议选择靠近高速公路、交通干道、铁路、飞机场、码头的区域,这些区域都会产生硫化污染问题,而且要考虑意外情况下的安全防护问题;但各种运输方式的可用性也是数据中心选址的影响因素之一,数据中心的设备必须交付,工人和相关的供应商也需要通过便捷的交通到达数据中心所在地。

(1)从火车站、飞机场到达数据中心备选地点的道路不应少于2条。

数据中心备选地点距离火车站不宜超过30千米,距离飞机场不宜超过50千米。

贵安新区境内有普通铁路2条,即贵昆铁路和湖林支线铁路,另外还有沪昆高速铁路。

贵安新区行政中心距离贵阳龙洞堡机场约 43.1 千米，距离贵阳火车站（最近的火车站）约 24.0 千米。贵安新区稳步推进城市路网建设，目前已建成城市路网 474.6 千米，构建了融入贵阳都市圈和全省高速的路网，以及与高铁站、机场的快速连接通道。

（2）从城市高速各主要站口到达数据中心备选地点的交通枢纽口不应少于 2 个。

数据中心备选地点与该城市高速各主要站口的距离应不超过 10 千米。

贵安新区境内有沪昆、赤望和贵阳绕城 3 条高速公路，以及 1 条国道、3 条省道。

3.5 网络带宽

数据中心的网络带宽主要包括以下三个方面：

（1）出口流量带宽（南北向流量）。

（2）服务器网卡带宽（东西向流量）。

（3）托管/租用的服务器独享带宽时，云服务商给用户所分配的具体带宽。

随着东数西算的发展，新一代数据中心流量由"南北"为主转变为"东西"为主，主要是越来越丰富的业务对数据中心的流量模型产生了巨大的冲击，如搜索、并行计算等业务，需要大量的服务器组成集群系统，协同完成工作，这导致服务器之间的流量变得非常大。因此，数据中心内部建议采用大二层网络，减少网络级联层数，去掉汇聚层，只有核心层和接入层，并且减少接入层级联层数。同时，要求核心设备必须提供万兆端口，通过虚拟化技术，将核心的数台设备虚拟化为一台设备，这样就可以直接连接几千台乃至数万台服务器以解决东西向流量问题。

目前，贵安新区互联网出口带宽≥3000Gbit/s，网络延时≤5ms，可以直接接入各运营商骨干网络，并与全国各数据中心互联，实现高可靠、低时延。已部署基于 SDN 技术的 DCI 云联网，满足数据中心、云资源池及办公场所之间快速、扁平的互通需求，可构建异构云的统一纳管。

贵安新区已落地"中国国家顶级域名贵州节点"和"K 根服务器贵州镜像节点"，与北京、上海、杭州一起成为国家互联网域名解析重要节点，是国家中西部地区第一个根服务器镜像节点，中国 13 大互联网顶层节点之一，也是西部地区第三个国家顶级域名节点，标志着贵州在西部地区的信息枢纽地位已经逐渐形成。

3.6 税率

数据中心选址时要考虑备选地点的政府税率，包括物业税、企业税和销售税。

3.7 能源源头、能源费用及地方扶持政策等

在数据中心的建设中，电力容量、电力供应的安全可靠性是确保数据中心正常运营的重要条件，涉及电力引入成本、供电系统建设成本和运行期的电力成本，所以在选址时应充分考虑备选地点的电力保障能力等，并且复核数据中心的近期和远期负荷是否能够可持续发展。

还应考虑当地市政供电能源，应优先考虑可再生能源发电企业、数据中心

集群配套可再生能源电站。

数据中心的主机房是能耗较大的建筑，选址时应将当地供电部门提供的电价、供水部门提供的水价纳入考虑范畴。

地方扶持政策也非常重要，购地优惠、配套设施、返税、人才政策等都是选址时要考虑的重要因素。

3.8 应用实例

随着云计算、大数据、物联网、人工智能等信息技术的高速发展，以及各种传统产业的数字化转型，数据量呈现爆炸式增长。数据中心作为重要的基础设施之一，进入了大规模规划建设阶段。

现在，数据中心的规模越来越大，数据中心的选址往往会受到用能指标的限制。

数据中心和客户之间的距离也非常关键，有些客户对网络延时有很高的要求，所以数据中心的远近与客户心理预期就有很大的关系。

3.8.1 地上数据中心

客户一准备在重庆市綦江区建设一个地上数据中心，重庆市年平均气温为 17.0～23.0℃，綦江区位于重庆市南部，地处四川盆地东南与云贵高原结合部，紧邻重庆集群，有利于数据传输和中小型数据存储，但当地电价、气温高于贵州、宁夏等地区，对于建立大型数据中心而言稍逊优势。

3.8.2 利用天然地形打造坚固、安全的洞库式数据中心

客户二准备在浙江省湖州市安吉县建设数据中心，该地离客户企业较近。

该客户想在山体内建造一组洞库式数据中心，但根据现场踏勘，发现选址区域山体绵长，山势高大，多为石头山。山体绵长会导致单条数据隧道过长，山势高大会增加数据隧道的外部受力，使洞库结构断面厚度偏大，大量石头山会导致挖掘工程难度大，不利于工程操作，且工程造价不经济，加上当地地价、电价也较高，所以不适于建设洞库式数据中心。

客户三选择在贵安新区建设洞库式数据中心，贵安新区位于贵州省贵阳市和安顺市结合部，贵安集群是国家战略性工程"东数西算"中的十个国家数据中心集群之一；贵阳年平均气温为 12.0～19.0℃，地貌类型主要为缓丘谷地，地形起伏和缓，丘体圆滑，谷地较宽阔，属喀斯特地貌特征；贵安新区与贵阳观山湖区毗邻，交通便利，地价和电价较低；由于属于缓丘地带，单条数据隧道长度可控制在 200～300 米，数据隧道的外部受力较小，使得洞库结构断面合理，洞库开挖难度较小，工程造价较为经济；贵阳年平均气温较低，外部空气冷却是降低数据中心 PUE 值最有效的自然条件。

第 4 章

建筑与结构

4.1 基本要求

（1）建筑、结构与装饰材料应优先采用列入政府采购清单的环境标志产品，不得采用国家明令禁止的材料或有毒有害材料。

（2）新建的地上数据中心建筑应符合《数据中心设计规范》（GB 50174—2017）、《建筑设计防火规范》（GB 50016—2014）、《民用建筑设计统一标准》（GB 50352—2019）等的要求，洞库式数据中心可参考以上规范要求。

（3）在满足金融行业数据中心的安全需求的同时，还应深度思考金融行业数据中心的设立模式（"自建与租用"模式，协调发展"前店后厂"方式），进行合理布局和设计。

4.2 建筑总体布局及设计

4.2.1 场地设计要求

合理利用场地内的现状地形地貌，确定各级标高及坡度，使雨水能迅速顺利排除，并不受雨水冲刷的影响。因地制宜，充分利用和改造地形，使场地设计标高尽量与自然地形相适应，力求土方总量最小。场地雨水采用有组织排水，经道路边缘雨水口汇集到雨水管道排入市政雨水管道。

4.2.2 建筑组成及总平面

（1）建筑组成：根据甲方营运需求、规模大小，可分为二至三部分组合布局，包括数据中心主机房、辅助区、支持区，办公业务用房，配套用房（生活、物业、安防等）。

（2）建筑总平面：建筑布局应使建筑基地内的人流、车流与物流合理分流，防止干扰，并应有利于消防、停车、人员集散及无障碍设施的设置。

数据中心机房不应设在场地的低洼地段，数据中心机房入口处室外地坪标高应高于四周环道标高。建筑之间的距离与建筑高度应遵循《建筑设计防火规范》（GB 50016—2014）及当地城市规划要求。

数据中心整体根据甲方营运的安全需求，设定相应的安全防护体系，各功能区块按照各级安全防护体系布局，层层递进、相连相辅、各自独立，对数据中心机房主体形成多层次的安全防护。

各功能区块内应围绕数据中心主机房进行合理布局，充分考虑辅助区内总控中心、支持区与主机房的位置关系，使辅助区内总控中心、支持区形成最有效的服务半径，既能以最大利用率辐射于各主机房，又能减少布线过长带来的电力、信号衰减。

机房位置选择的环境应满足《电子信息系统机房设计规范》（GB 50174—2008）中附录 A 的要求，不能确定机房选址地区的电磁场干扰强度时，须做实地测量，测量值超过《电子信息系统机房设计规范》（GB 50174—2008）第 5 章规定的电磁场干扰强度时，应采取屏蔽措施。选择机房位置时，如不满足上述要求，应采取相应防护措施，保证机房安全。

场地内建筑规划布局应不影响周边建筑满足其日照要求，不得降低周边建筑的日照标准，不得对周边建筑带来光污染。

在停车场及智能化充电车位设计方面，场内机动车道的纵坡、非机动车道的纵坡、步行道的纵坡等均应满足《民用建筑设计统一标准》（GB 50352—2019）的有关规定。应根据当地规划部门的规定设置相应的充电车位，并设置相应的智能化停车系统，包括充电管理模块、数据监测模块、缴费管理模块、数据库、云平台、警示模块和智能终端。充电管理模块包括电量统计单元、运行监测单元和定位监测单元。数据监测模块包括视频监测单元、温度监测单元和湿度监测单元。缴费管理模块包括计费统计单元、计费审核单元、移动支付单元、刷卡支付单元和现金支付单元。该系统可对充电桩的充电量和运行状态进行监测，可对充电桩进行定位，还可对充电桩进行实时温湿度和视频监测。车主可使用智能终端查找可正常使用的空闲的充电桩并进行预约，方便快捷。充电设备一般布置于充电车位的旁边或一端，考虑到充电设备周边设置防撞墩（围栏）的需要，同时为保证充电时操作人员的工作空间，充电设备与充电车位边界线之间应保持足够的距离，该距离应不小于0.4m。充电站除设计足够数量的充电车位以外，宜视情况预留一定数量的临时停车位，供等待充电的车辆使用。新能源车位划线工程应采用道路划线专用的热熔涂料施工，确保线条厚、不易磨损，车位线与车位前端文字应采用明亮的黄色起提醒作用，使车主快速定位。

4.2.3　建筑平面和竖向空间要求

1. 建筑平面要求

数据中心建筑平面宜采用统一的规格尺寸，便于使用和管理。主机房大多采用模块化布置，平面空间完整开阔，有利于通信工艺流程布置和机架的排列，便于自由分隔、灵活使用。平面大多较规整，较少采用弧形等异形体。体量组合多为一个大体量和若干小体量的组合，立面多强调大实大虚，各层平面布置大体相近，立面上不同楼层间退让较小。

平面柱网布局主要考虑通信管理及其配套用房的合理协调、结构跨度等。开间和进深还要考虑采光、消防、使用方便等因素。考虑到空间利用、结构跨度需要，地上数据中心用房建议采用规整的网格布局，建议采用 7.2～9.0 柱网；洞库式数据中心用房建议结合隧道断面的高跨比、冷热通道的比例进行合理布局。

地上数据中心用房平面布局：地上数据中心的主机房、辅助区内总控中心、支持区根据建设规模和工艺需求，可各为单体，互相联系，也可同为一栋，以主机房为中心相邻布局辅助区内总控中心、支持区用房，应遵循《数据中心设计规范》（GB 50174—2017）中的相关规定。

洞库式数据中心用房平面布局：主机房、辅助区内总控中心、支持区除建设规模和工艺需求外，还应考虑隧道断面的合理性，不应盲目追求主机房隧道内密集放置的设备数量，应同步考虑主机房隧道内冷热通道的合理比例，避免造成隧道断面的高跨比过高，导致结构失稳。隧道断面形式还应有利于通风散热，应减小通风摩擦力，使洞内的进、排风相互独立，互不干扰。由于隧道开挖及施工的特点，建议在平面布局上主机房、辅助区内总控中心、支持区各为一体，采用通道等形式相互联系。

2. 竖向空间要求

建筑首层完成面高出室外地坪高度：地上数据中心用房应遵循《数据中心设计规范》（GB 50174—2017）中 6.1.9 条的规定；由于洞库式数据中心用房的特殊性，其所处场地多为山体，雨水汇集较多，设计时完成面应高出当地洪水百年重现期水位线 1.0m 以上，并应高出室外地坪 0.6m 以上。

数据中心机房的净高宽：地上数据中心用房应遵循《数据中心设计规范》（GB 50174—2017）中 6.1.9 条的规定；对于洞库式数据中心用房，主机房洞内两排集装箱之间主要通道净高宽间距不宜小于 4.0m，应满足数据集装箱搬运及高压细水雾（干粉）消防车辆进入。

4.2.4 立面造型与材料要求

1. 立面造型要求

数据中心建筑立面造型及风格应充分体现产业特质，应与周边建筑相协调。在主机房、辅助区内总控中心、支持区用房的立面设计上，宜避免有外窗，既不希望有阳光直射，也不希望有外界空气进入室内。阳光直射会使电子信息设备温度升高，还会造成显示器等器件的寿命降低，同时会增加机房内的冷负荷。而外界未经处理的空气进入室内，会对室内的温湿度和洁净度造成影响。在进行建筑设计时应尽量减少机房的透光围护结构。在进行数据中心配套建筑（办公、管理用房等）立面设计时，应充分考虑其通风散热的合理性，结合平面设计，形成有利的自然通风散热条件，减少机械通风散热，从而有效降低 PUE 值。

数据中心建筑的整体造型不宜做过多的体形变化，可通过内在结构在立面上反映出标准而富于韵律的单元划分，立面宜采用凹凸较小、附加构件较少的形式。为强化立面造型，可采用不同材质间的对比突出立面效果。建筑造型要素简约，无须设置大量装饰性构件（如不具备遮阳、导光、导风、载物、辅助绿化等作用的飘板、格栅、构架和塔、球、曲面等），而通过使用装饰和功能一体化构件，利用功能构件作为建筑造型的语言，可以在满足建筑功能的前提下表达美学效果，并节约资源。

由于数据中心主机房大多体量较大（长宽超过 40m），地上数据中心在立面设计上要考虑如何消解过大的体量给人带来的压迫感、体量较大带来的不必要能耗损失，主机房、辅助区内总控中心、支持区用房的立面设计应减少大面积玻璃幕墙的使用；洞库式数据中心由于嵌入山体之中，有着得天独厚的自然优势（洞内温度、湿度不受外界影响，具有恒温恒湿的特点），能有效降低

PUE 值，也能形成有效的隐蔽性，在洞库入口处应更多考虑立面造型与山体的融合性。

2. 立面材料要求

在绿色数据中心建筑的建设过程中尽可能多地采用可再循环建筑材料和可再利用建筑材料，可以减少生产加工新材料带来的资源、能源消耗和环境污染，具有良好的经济、社会和环境效益。

（1）优先考虑有利于遮阳保温的环保材料，多用当地可取材的经济环保材料。

（2）使用以废弃物为原料生产的建筑材料，废弃物掺量不低于30%。

（3）合理选用防潮建筑材料。

（4）合理选用不易积灰、易于清洁、耐磨的装饰装修材料。

（5）视觉作业环境内选用低光泽、防眩光的表面材料。

（6）合理选用高耐久性装饰装修材料。

4.3 结构要求

4.3.1 地上数据中心结构选型及结构布置

（1）目前常见的数据中心结构形式主要包括钢筋混凝土框架结构和钢结构。选型时应综合考虑安全性、适用性、耐久性、经济性的要求。为适应绿色建筑的发展需求，在建筑物主体结构内可采用叠合梁板、预制楼梯、轻质隔墙条板等装配式做法；在室外工程中，可采用预制排水沟、预制管井等措施达到节约资源、能源和减少污染的目的。

（2）基础：应结合建筑所在地实际情况，依据勘察结果、结构特点及使用要求，综合考虑施工条件、场地环境和工程造价等因素，经基础方案比选，就地取材。应进行多种方案的对比论证，采用建筑材料消耗少的结构方案，因地制宜，从安全合理、施工方便、节省材料、施工对环境影响小等方面进行综合论证。根据贵州的特殊地质状况及工程普遍做法，数据中心的基础以桩基础+浅基础的混合形式为主，持力层一般为中风化基岩。

（3）地上结构：地上结构作为数据中心的主要承载单元，一般以多层建筑为主。进行结构选型时，结合数据设备布置需要及净高要求，考虑使用过程中的灵活调整，一般采用框架结构。进行建筑设计时，不应设置奇怪的造型而导致出现特别不规则结构；选择结构体系时，应根据建筑功能、受力特点选择材料用量较少的结构体系。在大跨度结构中，可合理采用钢结构体系、钢与混凝土混合结构体系；大跨度混凝土楼盖结构宜合理采用有粘结预应力梁、无粘结预应力混凝土楼板等；由强度控制的钢结构构件应优先选用高强钢材；由刚度控制的钢结构应优先调整构件布置和构件截面，增加钢结构刚度；钢结构楼盖结构宜合理采用组合梁进行设计。数据中心应在满足建筑功能的前提下，进行结构合理分缝，使结构规则化，有利于抗震，变形缝不宜穿过主机房。

（4）屋顶：屋顶可根据建筑外观需求设计为斜屋顶或平屋顶，数据中心对于防水要求极高，采用斜屋顶具有较好的屋面自排水效果，可显著提高建筑物的耐久性。

（5）悬挑构件：为实现绿色发展，建筑物设计时应尽量避免出现较大的悬挑构件。当出现大悬挑构件时，可结合建筑造型及悬挑跨度采用挑梁（包括预应力混凝土挑梁、钢挑梁、型钢混凝土挑梁等）、悬挑桁架（包括钢桁架、型钢混凝土桁架等）、斜撑加桁架等形式。

（6）电缆井、管沟等混凝土结构应多利用天然地基作为基础。

（7）结构传力途径应简洁、明确，竖向构件宜连续贯通、对齐。

（8）结构设计应符合节省材料、方便施工、降低能耗与保护环境的要求。

（9）建筑平面宜简单、规则，结构平面宜对称布置，水平荷载的合力作用线宜接近抗侧力结构的刚度中心，使结构设计合理，减少材料浪费。

4.3.2 洞库式数据中心结构选型及结构布置

洞库式数据中心使用隧道设计方案，具有节约土地资源、减少对地表生态环境的破坏、保护生态环境的作用。隧道结构原本具有的相对规矩对称曲拱墙式设计有利于洞库内数据设备通风散热。

1. 数据中心结构设计原则

（1）隧道位置选择以地质条件与风向为首要控制因素，尽量避免穿越严重的不良地质地段，布置在地质条件较好的地层中，洞口段坡体稳定，并有利于两端接线及洞外工程布置。

（2）隧道结构设计应达到安全可靠、技术可行、不渗不漏、经济合理的要求。

（3）应注重水保、环保与洞口景观设计，减少对自然环境的破坏，使洞门与自然景观融为一体。

（4）本着"安全可靠、经济合理、以人为本"的原则，隧道内应设置与机电设备相适应的设施，各系统应具有可升级性和更换性，使人、机电设备、路、环境和管理运营设施组成有机统一的数据中心系统，为洞库式数据中心使用者提供安全、快捷、舒适、经济的运营环境。

（5）应积极采用新技术、新工艺、新设备。

2. 结构选型

洞库式数据中心用房应根据当地地质情况、周边环境、抗震设防烈度、人防等级要求进行隧道结构设计，宜采用隧道曲拱墙式结构形式。

3. 结构布置

（1）隧道平、纵线形设计。

隧道位置根据隧址区地形、地质条件、环境、造价、功能等因素综合确定，在综合考虑线形指标及工程造价的前提下，通过实地勘察，充分研究隧道所处地域的地形、地质情况，主要考虑隧道进出口地形条件、隧址区工程地质条件、营运管理设施场地等因素，拟定隧道方案。

（2）隧道衬砌内轮廓。

隧道衬砌内轮廓不仅要符合需求，还要考虑照明、通信、装饰、机电等设备需要的空间，各种设备均不得侵入隧道限界。隧道衬砌内轮廓的形状和尺寸应考虑围岩级别、结构受力的特点及便于施工，须进行方案比选。

（3）洞门设计及洞口位置的选择。

洞门设计以"早进洞，晚出洞"为原则，最大限度地降低洞口边仰坡的开挖高度，以保证山体的稳定，同时减小对洞口自然景观的破坏。洞门形式主要考虑使用功能和地形的协调美观，并尽可能节省投资，充分考虑隧道洞口地形、地貌及数据中心隐蔽性等因素。

（4）隧道衬砌设计。

隧道衬砌类型、衬砌断面形式、衬砌结构尺寸设计主要采用工程类比法，并对隧道结构进行必要的理论计算及校核，结合构造要求及经济技术比较，根据围岩级别和洞室埋深条件拟定相应的支护参数。

4．抗震措施

（1）结合地形、地质情况，合理选择隧道洞口的位置。

（2）洞口及浅埋段施工中应先加固地层，再进行施工开挖，以防坍塌。

（3）尽量降低洞口段边、仰坡的开挖高度，对开挖面进行喷射混凝土挂网防护。

（4）严格控制施工工序，减少对围岩的扰动。

（5）洞门结构与明洞衬砌间采用钢筋连接，增强整体抗震能力。

4.3.3 结构材料

（1）在设计过程中应合理采用高耐久性建筑结构材料，在保证安全的情况下，应合理使用可再利用建筑材料和可再循环材料。应充分利用不同结构材料的强度、刚度及延性等特性，减少对材料尤其是不可再生资源的消耗。

（2）应优先采用高性能、高强度材料。

（3）现浇混凝土应采用预拌混凝土；使用高强混凝土可减小构件截面尺寸，节约混凝土用量，提高混凝土耐久性，增加建筑物的使用面积，所以应加大高强凝土的用量。

（4）建筑砂浆全部采用预拌砂浆，其中干区天棚、墙面抹灰可采用贵州省推广的绿色磷石膏砂浆。

（5）加大高强钢筋、钢材的用量。在普通混凝土结构中，受力钢筋优先选用HRB400级热轧带肋钢筋及以上受力普通钢筋（包括梁、柱、墙、板、基础、隧道结构等构件中的纵向受力筋及箍筋）；在预应力混凝土结构中，宜使用高强螺旋肋钢丝及钢绞线。对于钢结构，应加大Q345及以上高强钢材的用量。使用高强钢材可节约钢材使用量，减轻建筑自重，节约基础费用，而且在建筑使用寿命结束后可再循环使用。

4.4 应用实例

某洞库式数据中心包括5个主机房（含5个电池房），以及辅助区（总控中心洞1个）和支持区（动力洞及油库洞各1个），总建筑面积约30000m^2。

4.4.1 总平面布局

顺应现状自然条件，利用中间下凹的马鞍形山体，综合考虑覆土厚度、高防护性因素，将洞库分散布置在山体埋深较大区域，设置一条联络通道穿过中间覆土厚度较小区域，最大限度保证洞库结构的稳定性。

4.4.2 平面布置

（1）主机房。

由供电模块、IT模块、制冷模块等不同功能模块组成，通过这些模块的标准化接口，采用"搭积木"方式，实现便捷快速的模块化配置及大规模拼装对接。主要功能区域包括：拆包间、备品备件库、运营商接入空间、弱电间、夹层板的进风扩散室、洞内的模块集装箱体、箱体相互围合的室内侧冷池、箱体围合区域外部的室外侧冷池、备用电源、排风口部、热通道等。

（2）辅助区。

总控中心洞：兼作人防掩蔽单元洞，主要功能区域包括人防口部、排风机房、消防水泵房、消防水池、防化通信值班室、战时防化器材储藏室、战时进风机房、平时进风机房、除尘滤毒室、集气室、风井等。

（3）支持区。

动力洞：为整个数据中心的运行提供动力支持，存放柴油发电机、并机方仓、高低压配电方仓、假负载机组等。主要功能区域包括进风扩散室、通道、洞内的方仓箱体、排风口部、柴油发电机区域、热通道等。动力洞位于洞库平面中部，是主机房负荷中心，这样既可以节省电缆用量，又可以降低电力传输损耗，有利于施工且便于后期维护。

油库洞：为动力洞的燃料补给洞，由油库、扩散室、风井等组成，油库中储存的燃油为柴油，闪点$\geqslant 60℃$。

（4）各洞库上下错位布置，考虑未来管线敷设及后期维护的方便，将中间联络通道做成直线型通道。联络通道为平时和战时的交通联系通道，兼作疏散通道。

4.4.3 立面造型及竖向空间

（1）立面材料主要采用石材幕墙+玻璃，石材的颜色本身就属于"大地色系"，故能较好地融入场地，加上原本就透明的玻璃，使整个立面融合虚化，隐于自然环境中。隧道洞门形式均采用削竹式洞门，有利于节省投资，与隧道洞口地形、地貌相匹配，能强化数据中心的隐蔽性。

（2）高安全、高防护：进风系统作为洞库式数据中心的关键系统，对可靠性、安全性的要求很高，因此将主机房洞、动力洞设计成从洞口进风。另外，根据人防等级要求，洞体须全覆土，结合场地原始地形及场平地形标高，在满足排水需求的情况下确定洞库埋深，以满足功能使用、结构、人防覆土及施工开挖经济合理等要求。

4.4.4 隧道结构设计

（1）隧道平、纵线形设计。

主机房洞、总控中心洞、动力洞各隧道全长为200～300m，最大埋深为30～50m，隧道纵向为单坡，坡度为-1.0%，洞内由小里程端向大里程端进行排水。

油库洞隧道全长约30m，最大埋深为16m，隧道纵向为单坡，坡度为1.0%，洞内由大里程端向小里程端进行排水。

联络通道全长为550m，洞内排水为顺坡流向相邻隧道后排出隧道。

（2）隧道衬砌内轮廓。

在符合国家相关标准的前提下，结合机电专业的管线和设备要求进行空间设计，做到相互提资多对接，以防设备管线、设备安装破坏隧道限界。在设计中，考虑到隧道衬砌内轮廓的形状和尺寸、围岩级别、结构受力的特点，经多方案比对后，最终选定了曲拱墙式隧道断面。

（3）洞门设计及洞口位置的选择。

遵循"早进洞，晚出洞"原则，最大限度降低洞口边仰坡的开挖高度，以保证山体的稳定性，同时减少对洞口自然景观的破坏；隧道洞口永久性边仰坡防护与洞外路基边坡协调统一，隧道明洞临时边仰坡及成洞面采用锚网喷防护；隧道施工完成后对外露的临时边仰坡及端墙式洞门回填坡面采用植草进行绿化，使其与周边自然环境相协调，具体绿化方案也可参照绿化景观设计；为加强洞口顶部防护，按人防专业要求，在洞顶设置钢筋混凝土防护层。

（4）隧道衬砌设计。

隧道洞身衬砌设计以新奥法原理为指导，采用复合式衬砌，即以系统锚杆（或 注浆钢花管）、钢筋网、喷射混凝土、工字型钢拱架作为初期支护，并根据不同的围岩级别辅以超前大管棚、超前小导管等超前支护措施，二次衬砌采用模筑混凝土或钢筋混凝土，在初期支护与二次衬砌之间敷设隧道专用预铺式高分子自粘胶膜防水卷材（非沥青）作为防水层。

（5）抗震措施。

从《中国地震参数区划图》查得测区地震动反应谱特征周期为0.35s，地震动峰值加速度为0.05g，从《地震动峰值加速度分区与地震基本烈度对照表》查得测区地震烈度为Ⅵ度，拟建隧道通过段区无断层，基岩连续、稳定、厚度大、强度高，场地整体稳定，故设计时考虑简易设防。

（6）辅助施工措施。

本隧道设计采用的施工辅助措施主要有超前大管棚、超前小导管、超前预注浆等。超前大管棚一般设于两端洞口，主要防止隧道开挖塌方和仰坡变形；超前小导管适用于Ⅴ级围岩段，主要防止隧道开挖塌方；超前预注浆适用于岩体破碎、地下水发育且可能发生涌突水的地段，通过注浆提高围岩力学指标，改善结构受力和开挖条件。

第 5 章

电气要求

5.1 基本要求

（1）应依据《绿色建筑评价标准》GB/T 50378 的规定进行设计，满足绿色建筑的相关要求。设计时，应根据规范中的相关控制项与评分项，将绿色建筑的设计思路融入设计中。

（2）绿色数据中心节能设计应在满足建筑功能要求的前提下，通过合理的系统设计、设备配置、控制与管理，减少能源和资源消耗，提高能源利用率。

（3）绿色数据中心节能设计应选择符合国家能效标准规定的电气产品和节能型电气产品。

（4）数据中心应划分为 A、B、C 三级。设计时应根据《数据中心设计规范》（GB 50174—2017）的规定并结合数据中心的使用性质、数据丢失或网络中断在经济或社会上造成的损失或影响程度确定其所属级别，从而进行匹配的设计，以防止过度设计或欠缺设计造成的浪费。

（5）可靠性是数据中心设计过程中最重要的原则，数据中心建设地的电网必须具备较高的可靠性和稳定性。特别是 A 级与 B 级数据中心的建设地，应具备提供双重电源的条件和能力。

（6）数据中心运行过程中会产生大量的电能消耗，所以应充分考虑建设地的电网发电总量和电力成本。

（7）为达到绿色节能的目标，数据中心建设地电网的电源类型应以水电、风电等清洁能源为主，不宜以火电为主要电源类型，要从源头上实现绿色用电。

（8）应结合《金融建筑电气设计规范》（JGJ 284）的相关规定，对金融设施进行分级，并进行相应的设计。

5.1.1 金融行业数据中心电气架构设计原则

1. 业务需求导向、架构规划驱动原则

以业务需求为导向，架构规划为驱动，支撑多业务全球化运作并适应公司新业务模式发展，保障公司业务连续性管理策略的落地，兼顾性能、效率、安全和成本平衡，规划全球机房的布局架构，实现数据中心分层分级服务，以满足公司中短期的业务需求,并具有一定的前瞻性(数据中心容量规划适度超前)，兼顾中长期业务发展。

2. 稳定性原则

数据中心系统设计成熟，产品规模使用。不单纯追求系统的先进性，而应确保商业成功和 TCO 最佳，力求做到方案和产品的无缝连接，数据中心的安全稳定运行应当始终处于优先考虑等级，在运维管理过程中要保证数据中心各功能组件提供既定功能的能力。

3. 安全性原则

数据中心的基础设施应具有设备运行安全、人身安全、信息安全等全方位防护。各系统、子系统的规划、设计、建设实施、运维等应符合高等级的抗扰度国际标准，工作应安全可靠。要对结构设计、设备选型、日常维护等各个方面进行相应可靠性的设计和建设，特别是高等级数据中心应避免出现单点故障。在关键设备采用硬件备份、冗余等可靠性技术的基础上，采用相关的软件技术提供较强的管理机制、控制手段和事件监控与安全保密等技术措施，以提高安全可靠性。

4．适用性原则

数据中心的架构设计应能快速响应业务的需求，并根据需要提供不同水平的服务。数据中心系统的设计和实施应能够满足国内、国际标准及业务所要求的可用性、安全性等指标，确保设备和各子系统具有良好的电磁兼容性和电气隔离性能，不影响其他设备和系统的正常工作。同时，要满足通用性要求，系统的设计和实施应符合国内、国际和行业设计标准。

5．可扩展性原则

数据中心机房应具有良好的灵活性与可扩展性，能够根据今后业务不断深入发展的需要，扩大设备容量，实现水平化模块扩展；应具备支持多种网络传输、多种物理接入的能力，提供技术升级、设备更新的灵活性；不仅能支持现有的系统，而且在空间布局、系统用电容量、系统制冷容量等方面留有充分的扩展余地，便于系统进一步开发，以及适应未来系统的更新换代。在系统设计和实施中，应充分考虑业务后期的扩容，预留合理的扩容接口，尽量确保在后期系统扩容时不会影响当前业务的正常运营。此外，在系统后期扩容时，不应降低当前系统的可用性。

6．可维护性原则

对系统采取模块化设计，将产品的冗余设计作为重点指标。对硬件、软件供应商的实施和售后能力提出详细的要求，准备相关应急预案。遵循业界主流技术标准，选用开放架构的市场主流产品，控制机房供应商的数量，降低系统实施和管理复杂度。

7. 可管理性原则

数据中心各系统所采用的设备（如IT设备、动力设备、环境设备）应采用智能化设计，以便集成监控管理，监测整个数据中心的运行状况，提高系统运行性能和可靠性，降低管理人员的维护工作量。

8. 经济性原则

以较高的性价比规划、设计、建设和运维数据中心，使资金的产出投入比达到最大。以较低的成本、较少的人员投入来维持系统运转，提供高效能和高效益。尽可能保留存量系统，充分利用存量资金与技术方面的投入。在确保业务合理的可用性基础之上，合理降低投资成本（CAPEX）和运营成本（OPEX）。

9. 绿色节能原则

数据中心的规划、设计、建设和运维等采用切实有效的措施或技术来充分体现绿色节能、环保减排的要求，建设绿色数据中心。必须有正确的设计方案，设计不能过于超前，容量不宜过大，应采用模块化设计，充分利用可扩展性，逐年分步扩充，以免盲目投入。必须选择低能耗、低运维成本的产品。计算与存储设备要采用能耗/计算能力比低的设备与方案；基础设施层设备（如UPS和精密空调等）应尽可能采用高效能、低能耗产品，并且充分考虑产品的维保成本。

5.1.2 电气设备设计标准

（1）鼓励采用能量三联供系统、太阳能、光伏、储能等分布式能源作为数据中心的能源。Tier 3+/A级数据中心采用分布式能源供电时，可采用市电或柴油发电机组作为备用电源，锂电池作为储能电源。

（2）要求采用TN-S供电系统，降低零地电压，减少电能损耗；鼓励采取并联电容等措施提高电力输入功率因数；要求UPS中性线截面积不小于相线截面积，以降低谐波电流对电网的污染，减少三相负荷不平衡引起的损耗。

（3）鼓励采用容量适当的 UPS，其容量一般为电子信息设备总负荷的 1.2 倍，使 UPS 工作在输出效率最高的负载状态。

（4）照明系统宜采用光效大于 80lm/W 的高效节能荧光灯，或者显色指数大于 80 的 LED 照明，在满足光照度和均匀度的条件下采用节能的光源。

（5）提倡采用模块化 UPS，全模块热插拔设计，智能在线模式主动滤波，联合供电实现智能削峰，满足绿色节能和扩展性等要求。

（6）储能锂电池应具有三维立体防护（电池模块级、柜级、系统级），层层保护锂电池可靠性。

（7）数据中心供配电系统应满足智能可靠、简单灵活部署、省地高效等要求。

（8）引入标准化分布式 2N 供电架构，降低电路损耗。引入冗余母线系统，实现高可靠、易管理，降低成本。

（9）绿色清洁能源（太阳能、燃料电池、智能锂电池）等技术的使用，可降低数据中心对传统电力系统的依赖，减少碳排放。

（10）机房的性能和面积比是机房评估的重要指标。随着 IT 设备的小型化和单位计算/存储能力的提升，满足同样业务需求的机房面积可能会越来越小。随着云计算的发展，数据中心机房趋于模块化，中小型数据中心/服务器机房将被整合。

5.2 供配电

5.2.1 供配电要求

（1）供配电系统应满足使用功能和系统可靠性要求，并应进行技术经济比较，采用节能的供配电系统。

（2）数据中心内负荷种类较多，每种负荷应采用符合规范要求的合理供电方式，同时应根据《数据中心设计规范》（GB 50174—2017）与《供配电系统设计规范》（GB 50052）的相关规定对数据中心内的负荷进行正确的分级，在保证供电可靠性和安全性的前提下，节约配电成本，提高经济性。

（3）在数据中心设计前期，需要对项目进行准确的负荷计算，根据计算结果进行合理的设备选型及布置，避免设备容量过大及布置不合理造成的浪费。

（4）在数据中心设计中，应将电源设置于负荷中心位置，以此缩短供电半径、提高供电质量，避免线缆的浪费。同时，应满足如下规定。

① 建筑电气设计应合理确定配电系统的电压等级，减少变压级数。供配电系统应简单可靠，同一电压等级的配电级数高压不宜多于两级，低压不宜多于三级。

② 负荷中心坐标应按下式计算：

$$(x_b, y_b, z_b) = \frac{\sum_{i=0}^{i=n}(x_i, y_i, z_i) \bullet \mathrm{EAC}_i}{\sum_{i=0}^{i=n}\mathrm{EAC}_i}$$

式中：

(x_b, y_b, z_b)——负荷中心坐标；

(x_i, y_i, z_i)——各用电设备的坐标；

EAC_i——各用电设备估算的年电能消耗量（kWh）或计算负荷（kW）。

③ 当建筑物内有多个负荷中心时，应进行技术经济比较，合理设置变电所。

（5）数据中心内供配电系统的功率因数和谐波量应符合当地供电部门的相关要求，电子信息设备的供电电源质量应满足如下要求。

① 交流供电时，稳态电压偏差范围：+7%～-10%。

② 交流供电时，稳态频率偏移范围：±0.5Hz。

③ 电子信息设备正常工作时，输入电压波形失真度：≤5%。

④ 在不同电源之间进行切换时，允许断电持续时间：0～10ms。

（6）在整个供配电系统设计过程中，为达到降低能耗的目的，应提高电气系统的自然功率因数并采取人工补偿无功功率的措施。具体应满足如下要求。

① 功率因数较低的大功率用电设备远离变电所时，应就地设置无功功率补偿。

② 安装无功补偿设备不得过补偿。

（7）数据中心内的电子信息设备属于非线性负荷，易产生谐波电流及三相负荷不平衡现象。根据实测，UPS输出的谐波电流一般不大于基波电流的10%，而中性线含三相谐波电流的叠加及三相负荷不平衡电流，实测值往往等于或大于相线电流，故中性线截面积不应小于相线截面积。

（8）数据中心内有大量的非线性负荷，需要设置合理的谐波抑制方案。

（9）数据中心内有大量的单相电子信息设备，设计中应将单相负荷均匀地分配在三相线路上，以减小中性线电流，降低由三相负荷不平衡引起的电压不平衡度（不平衡度宜小于15%）。同时，变电所集中设置的无功补偿装置宜采用部分分相无功自动补偿装置。

（10）电缆的选择除应符合载流量等基本要求外，还应根据经济电流密度选择长寿命周期电缆，降低运营成本。

（11）数据中心用电负荷等级及供电要求应根据数据中心的等级，按现行国家标准《供配电系统设计规范》（GB 50052）的要求执行。

（12）电子信息设备供电电源质量应根据数据中心的等级，按相关标准的要求执行。当电子信息设备采用直流电源供电时，供电电压应符合电子信息设备的要求。

（13）供配电系统应为电子信息系统的可扩展性预留备用容量。

（14）户外供电线路不宜采用架空方式敷设。

（15）数据中心应由专用配电变压器或专用回路供电，变压器宜采用干式变压器，变压器宜靠近负荷布置。

（16）数据中心低压配电系统的接地形式宜采用 TN 系统。采用交流电源的电子信息设备，其配电系统应采用 TN-S 系统。

（17）电子信息设备宜由不间断电源系统供电。不间断电源系统应有自动和手动旁路装置，支持市电与电池联合供电。确定不间断电源系统的基本容量时应留有余量。不间断电源系统的基本容量可按下式计算：

$$E \geqslant 2.2P$$

式中：

E——不间断电源系统的基本容量（不包含备份不间断电源系统设备）（kW/kVA）；

P——电子信息设备的计算负荷（kW/kVA）。

（18）数据中心内采用不间断电源系统供电的空调设备和电子信息设备不应由同一组不间断电源系统供电。测试电子信息设备的电源和电子信息设备的正常工作电源应采用不同的不间断电源系统。

（19）电子信息设备的配电宜采用配电列头柜或专用配电母线。采用配电列头柜时，配电列头柜应靠近用电设备安装；采用专用配电母线时，专用配电母线应具有灵活性。

（20）交流配电列头柜和交流专用配电母线宜配备瞬态电压浪涌保护器和电源监测装置，并应提供远程通信接口。当输出端中性线与 PE 线之间的电位差不能满足电子信息设备使用要求时，配电系统可装设隔离变压器。

（21）电子信息设备的电源连接点应与其他设备的电源连接点严格区别，并应有明显标识。

（22）A 级数据中心应由双重电源供电，并应设置备用电源。备用电源宜采用独立于正常电源的柴油发电机组，也可采用供电网络中独立于正常电源的专用馈电线路。当正常电源发生故障时，备用电源应能承担数据中心正常运行所需要的用电负荷。

（23）B级数据中心宜由双重电源供电，当只有一路电源时，应设置柴油发电机组作为备用电源。

（24）后备柴油发电机组的性能等级不应低于G3级。A级数据中心发电机组应连续和不限时运行，发电机组的输出功率应满足数据中心最大平均负荷的需要。B级数据中心发电机组的输出功率可按限时500h运行功率选择。

（25）柴油发电机应设置现场储油装置，当外部供油时间有保障时，储存柴油的供应时间宜大于外部供油时间。在储存期内，应对柴油品质进行检测，当柴油品质不能满足使用要求时，应对柴油进行更换和补充。

（26）柴油发电机周围应设置检修用照明和维修电源，宜由不间断电源系统供电。

（27）正常电源与备用电源之间的切换采用自动转换开关电器时，自动转换开关电器宜具有旁路功能，或者采取其他措施，在自动转换开关电器检修或故障时，不应影响电源的切换。

（28）同城灾备数据中心与主用数据中心的供电电源不应来自同一个城市变电站。采用分布式能源供电的数据中心，备用电源可采用市电或柴油发电机。

（29）敷设在隐蔽通风空间的配电线路宜采用低烟无卤阻燃铜芯电缆，也可采用配电母线。电缆应沿线槽、桥架或局部穿管敷设；活动地板下空间作为空调静压箱时，电缆线槽（桥架）或配电母线的布置不应阻断气流通路。

（30）配电线路的中性线截面积不应小于相线截面积。单相负荷应均匀地分配在三相线路上。

5.2.2 供配电系统规划与设计

1. 一般要求

供配电系统由主用电源系统（市电输入系统、中低压配电系统、不间断电源系统、精密配电系统、接地系统等）和备用电源系统组成。

供配电系统布置应满足如下要求。

（1）供配电方式应采用放射式。

（2）交流市电之间或市电与发电机组之间的自动切换设备，应采用 ATS 开关或其他具备自动切换功能的设备；A 级动力系统的核心 ATS 应采用带旁路隔离开关型 ATS，B 级动力系统的核心 ATS 宜采用带旁路隔离开关型 ATS 或采用其他旁路隔离措施。

（3）动力系统电缆应满足阻燃、耐火性能、载流量等方面的要求。

（4）各级动力系统的电缆、配电柜和开关等应有标识；标识内容应清晰、明确，包括编号、用途、连接设备、规格、供电电压、额定功率及载流量等信息。

（5）当动力和信息设备采用直流电源供电时，供电应符合用电设备的要求。

（6）设有连续制冷装置的数据中心，供配电设施应满足连续制冷相关要求。

2. 电源质量要求

动力系统电源质量应满足如下要求。

（1）系统交流输入稳态频率（含发电机）偏移范围为±0.5Hz。

（2）系统交流输入稳态电压（含发电机）偏移范围为+7%～-20%。

（3）电子信息设备正常工作时，输入电压波形失真度不大于5%。

（4）A、B 级动力系统 UPS 输出稳态电压偏移范围应为±3%，C 级动力系统为±5%。

（5）动力系统机房电子信息设备供电允许断电持续时间为 0～20ms。

（6）UPS 输入端谐波电流总畸变率小于 8%。

（7）UPS 输出端谐波电压总畸变率不大于 5%。

（8）UPS 输入功率因数大于 0.95。

3. 市电输入系统

信息系统机房用电负荷等级及供电要求应根据数据中心的等级，按现行相关国家标准的要求执行。

市电输入系统应保证连续性和供电质量。

A级数据中心市电输入宜为两路来自不同变电站的电源并配备独立专用发电机。两路市电同时带载，任意一路电源应能够满足全部机房负载的供电需求。

A、B级数据中心园区供电线路不宜采用架空方式敷设。

4. 备用电源系统

机房备用电源系统应选用可连续运行的交流备用能源，备用电源系统宜具备自动化管理功能。

5. 发电机系统

对于不具备安装固定式发电机系统条件的数据中心，可根据实际需求配置移动式发电机系统。

备用发电机组应设置快速启动装置，并配合其他必要措施，须满足以下要求。

（1）市电中断到备用发电机组正常供电的时间应小于不间断电源的电池系统的备电时间。

（2）市电中断到制冷空调系统恢复正常供冷的时间应小于连续制冷可维系的时间。

（3）对于未设置连续制冷装置的机房，在市电中断到制冷空调系统恢复正常供冷期间，IT设施不会因温升而宕机。

如果选用柴油发电机系统，设计时应遵循以下原则。

（1）A、B级动力系统柴油发电机组应具备自动启动功能。

（2）柴油发电机组应选用运行可靠、经济适用、节能和环保的产品。

（3）柴油发电机周围应设置检修用照明和维修电源，宜由不间断电源系统供电。

（4）A级数据中心柴油发电机组及其配套的设备、管线、组件等均应采取容错配置和物理隔离。

（5）数据中心发电机的性能等级不应低于G3级。

（6）柴油发电机组的功率选配应参照国家标准 GB/T2820.2、GB 50174—2017 执行。

6．低压配电系统

不同性质的供电对象不应放在同一配电柜内进行控制。

所有配电柜内都宜有备用输出回路。

配电柜应配有显示仪表，供检查电压、电流、频率、功率及三相负载平衡状态。

配电柜内各种开关、手柄、操作按键应标示清楚，防止使用中出现误操作。

7．不间断电源系统

不间断电源系统应满足如下要求。

（1）A级数据中心不间断电源系统逻辑结构应按照双路（2N）设计并应留有余量。

（2）A级数据中心中按照双路设计的不间断电源系统的UPS设备、配套线缆、后备蓄电池及其开关柜等均应采取容错配置，并满足物理隔离要求。

（3）B级数据中心不间断电源系统宜采用冗余系统，任何一台UPS设备故障或维护时不影响信息系统运行。

（4）数据中心内，除生产、备份类计算机设备外，测试和研发类计算机设备、空调、新风、照明、消防、门禁等其他用电设备不宜接入生产系统UPS。

（5）UPS应有自动和手动旁路装置。

（6）数据中心宜另行配备用于消防、监控、应急照明等系统的不间断电源。

（7）UPS宜具备监控、报警、日志等智能管理功能。

（8）UPS的容量根据负载的总容量和负载的功率因数确定，并合理考虑负载增容需求。

（9）UPS输入端谐波电流总畸变率及电能质量等指标不能满足电源质量要求时，应加装电能治理等装置。

（10）蓄电池宜具备在线监测功能，以实时监测蓄电池的工作状态指标。

（11）每组蓄电池应加装直流控制断路器。

8. 空调系统供配电要求

A级机房空调设施的供配电系统应与数据中心的性能等级保持一致，满足以下要求。

（1）当空调系统采用2N配置，电气系统采用2N配置时，A路空调应由A路电源供电，B路空调应由B路电源供电，A、B路供电设施应满足物理隔离的要求。

（2）当空调系统采用N+2配置，电气系统采用2N配置时，空调系统应配置双路电源，末端切换，任一组件故障不会影响空调系统的正常运行。双路电源、末端切换的配电柜（箱）宜安装在空调设备区域。

9. 接地系统

金融行业数据中心的接地系统设计，应满足人身安全及电子信息系统正常运行的要求，并应符合现行国家标准，接地系统的布置应满足如下要求。

（1）采用交流电源的电子信息设备，其接地系统应采用TN-S接地系统（图5-1）。

（2）变压器或发电机的中性点接地，地线（PE）和中性线（N）分开布置。

（3）中性线线缆截面积不应小于相线线缆截面积。系统正常运行时，地线中不应有周期性电流通过。

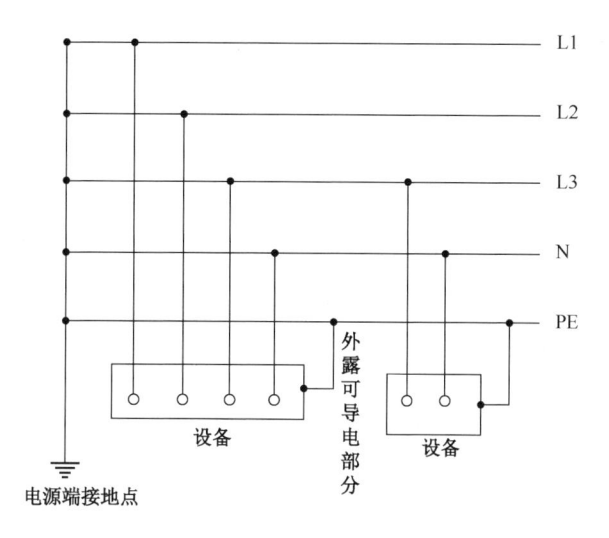

图 5-1 TN-S 接地系统

（4）机房内所有设备，包括可导电金属外壳、各类金属管道、金属线槽、建筑物金属结构等应进行等电位连接并接地。

（5）机房保护性接地和功能性接地应共用一组接地装置，接地电阻值应不大于 2Ω。

（6）在动力系统相应的位置应安装浪涌保护器，保护连接设备免于受损。

10. 机架配电系统

A 级数据中心动力系统机架配电回路宜选用具备支路电流检测、显示及支持监控功能的产品，可选择在精密智能配电柜、支路插接箱或机架 PDU（电源分配单元）上实现该功能。

机房负载应综合考虑主备设备、应用类别、业务种类和电源三相平衡，使负载合理分配于各机架。

5.3 照明

（1）数据中心内照明应根据功能进行区域划分，各个区域的照度标准值及照明功率密度值应符合现行国家标准《建筑照明设计标准》（GB 50034）的有关规定。

（2）主机房和辅助区一般照明的照度标准值应按照300～500lx设计，一般显色指数不宜小于80。支持区和行政管理区的照度标准值应符合现行国家标准《建筑照明设计标准》（GB 50034）的有关规定。

（3）主机房和辅助区内的主要照明光源宜采用高效节能荧光灯，也可采用LED等高光效光源、高效灯具和节能器材。荧光灯镇流器的谐波限值应符合现行国家标准《电磁兼容限值谐波电流发射限值》（GB 17625.1）的有关规定，灯具应采取分区、分组的控制措施。

（4）辅助区的视觉作业宜采取下列保护措施。

① 视觉作业不宜处在照明光源与眼睛形成的镜面反射角上。

② 辅助区宜采用发光表面积大、亮度低、光扩散性能好的灯具。

③ 视觉作业环境内宜采用低光泽的表面材料。

（5）照明灯具不宜布置在设备的正上方，工作区域内一般照明的照明均匀度不应小于0.7，非工作区域内一般照明的照度值不宜低于工作区域内一般照明照度值的1/3。

（6）主机房和辅助区应设置备用照明，备用照明的照度值不应低于一般照明照度值的10%；有人值守的房间，备用照明的照度值不应低于一般照明照度值的50%；备用照明可为一般照明的一部分。

（7）数据中心应设置通道疏散照明及疏散指示标志灯，主机房通道疏散照明的照度值不应低于5lx，其他区域通道疏散照明的照度值不应低于1lx。

（8）数据中心内的照明控制应符合下列规定。

① 应结合建筑使用情况及天然采光状况进行分区、分组控制。

② 天然采光良好的场所，宜按该场所照度要求、营运时间等自动开关灯或调光。

③ 为方便管理和节能，机房、走廊等区域建议采用智能照明控制系统，实现分模式的就地和远程控制。

（9）主机房区域的照明灯具可采用智能控制系统，设置全部开启模式（工作模式）、分区开启模式（值班模式），该系统应集成至动力与环境监控系统中，与门禁系统联动，人员刷卡进入后开启工作模式，人员刷卡离开后开启值班模式；可在机房内通过控制面板或在监控中心通过监控主机对主机房的照明进行控制。

（10）模块机房、空调间、配电室、冷冻站等区域的灯具可采用智能控制系统，设置全部开启模式（工作模式）、分区开启模式（值班模式，满足摄像机及应急照明最低照度）。

（11）金融行业控制中心照明系统一般采用多模式智能控制系统，可设置全部开启模式、分区开启模式、值班照明模式、夜间照明模式、参观照明模式等。

（12）公共走廊可采用红外线传感器、亮度传感器、定时开关等实现人来灯亮、人走灯灭，达到节能的效果。

（13）数据中心主机房、辅助区、行政管理区等场所的照明系统宜采取分区、定时、感应、智能照明控制等节能控制措施。

（14）应对机房照明系统进行更新换代和节能控制优化，从而提高现有机房照明效率，降低运行费用。

（15）数据中心内的照明线路宜穿钢管暗敷或在吊顶内穿钢管明敷。

（16）技术夹层内宜设置照明和检修插座，并应采用单独支路或专用配电箱

（柜）供电。

5.4 设备与动力装置

5.4.1 设备与动力装置要求

（1）根据数据中心的级别并按照《数据中心设计规范》（GB 50174—2017）的要求设置柴油发电机组，合理选取柴油发电机组的系统架构、功率定额、性能、燃油储量及容量等指标。

（2）根据数据中心的级别并按照《数据中心设计规范》（GB 50174—2017）的要求设置不间断电源，合理选取不间断电源的系统架构、备用时间、容量等指标。

（3）数据中心选用的变压器建议达到《电力变压器能效限定值及能效等级》（GB 20052—2020）中 2 级能效的要求，同时满足《公共建筑节能设计标准》中选择节能型变压器的要求。

（4）应合理选择电动机的功率及电压等级，并应符合下列规定。

① 电动机的效率不应低于现行国家标准《中小型三相异步电动机能效限定值及能效等级》（GB 18613）中规定的能效限定值，宜采用符合节能评价值的电动机。

② 额定功率大于 200kW 的电动机宜采用高压电动机。

③ 恒负荷连续运行、功率在 250kW 及以上的电动机，宜采用同步电动机。

④ 除特殊要求外，不宜采用直流电动机。

⑤ 应合理采用电动机启动调速技术。当机械工作在两个不同工况时，在满足工艺要求的情况下，宜通过调整电动机极数进行调速；当机械的工况大于两个时，宜采用电动机变频调速方式，且变频调速装置应有抑制高次谐波的措施。

（5）两台及以上电梯集中设置时，应具有规定程序集中调度和控制的群控功能。

（6）电梯处于空载时宜具有延时关闭轿厢内照明和风扇的功能，宜采用变频调速和能量回收的电梯。

5.4.2 动力配电

动力系统是为数据中心提供动力的基础设施，主要包括高低压供配电系统、备用电源系统、不间断电源系统、空调制冷系统和动环监控系统等。

1. 动力系统分级说明

银行总行和相当于总行级别的其他金融行业的数据中心机房，以及其他用途和重要性在同一级别的数据中心的性能要求不应低于 A 级。各总部单位可根据自身实际情况，对 A 级机房再予以细化分级。

省级分行、市级支行和相当于省、市级支行的数据中心机房，以及其他用途和重要性在同一级别的数据中心的性能要求不应低于 B 级。各总部单位可根据自身实际情况，对 B 级机房再予以细化分级。

不属于 A 级、B 级数据中心的机房应为 C 级。各总部单位可根据自身实际情况，对 C 级机房再予以细化分级。

同一机房中可以按不同的动力系统分级技术标准对不同子系统进行设计，但该机房动力系统的分级标准应为最低子系统的标准级别。

2. 动力系统分级性能要求

（1）A 级动力系统——供配电系统为容错系统，空调系统为冗余系统。

A 级机房供配电系统应为容错系统，该系统应具备故障容错功能，在进行预防性和程序性维护（设备检修、零部件更换、设备扩容、部件容量调整、系统测试等）或发生故障时，都应保证系统不中断运行。空调系统为冗余系统，关键设备应采用部件冗余配置，在运行期间，不应因关键设备故障而导致系统运行中断。

（2）B级动力系统——冗余系统。

B级动力系统中的关键设备应采用部件冗余配置，在运行期间，不应因关键设备故障而导致系统运行中断。

（3）C级动力系统——基本型。

C级动力系统采用基本型配置，在基础设施运行正常的情况下，应能保障电子信息系统运行不中断。

3．动力系统规划与设计原则

（1）一般原则。

在保证业务连续性的前提下，动力系统规划与设计应遵循以下原则。

① 稳定性。

动力系统的设计宜在成熟且有广泛应用的基础上追求系统的可用性、可靠性及先进性，优先考虑机房的稳定运行。

② 经济性。

动力系统应以合理TCO进行规划、设计与建设，以较低的成本、较少的人员投入来维持系统运转，提供高效能与高效益。应尽可能保留已有系统，充分利用以往在资金与技术方面的投入。应在确保可用性的基础上，合理降低投资成本和运营成本，同时兼顾节能及环保要求。

③ 可管理性。

动力系统的设计应便于集中监控与管理。

④ 可扩展性。

动力系统设计和实施中应充分考虑用户后期的扩容，预留合理的扩容接口，确保后期系统扩容时不会影响当前业务的正常运行和不降低系统的可用性。

（2）动力系统方案选配原则。

容错系统中相互备用的设备应布置在不同的物理隔间内，相互备用的管线宜沿不同路径敷设，应预留设备更新的通道。

制冷系统方案应综合考虑机房所在自然资源条件、气候状况、机房所在位置的供电和供水能力等，选择合适的制冷模式。

供配电系统的容量设计以IT设备的功耗为基本依据，在计算IT设备功耗时宜考虑所建数据中心生命周期的最大值。

总输入容量应考虑整个数据中心IT设备功耗、供电系统功耗、制冷系统功耗、照明系统功耗和辅助用电功耗。

数据中心发电机输出功率（DCP）应大于机房总用电量，并应留有一定余量，满足负载特性、容量及配置方式等要求，余量不宜低于总用电量的20%。

制冷系统制冷量设计应以供电系统设计容量为依据，应满足设备（含空调机组的风机）散热、围护结构散热、辐射热、照明散热、新风热负荷、人体散热等机房内主要热负荷制冷需求，同时考虑末端空调的显冷比。A级机房的制冷系统应设置应急冷源，其容量应能保障机房的连续运行，并能满足必要的应急时间，通常不小于不间断电源电池的备电时间。

数据中心动力系统应根据电子信息设备的环境要求特性、所在地区的气象条件、能源状况和价格、节能环保和安全要求等因素，结合国家节能减排和环保政策的相关规定，对可行方案进行技术经济比较，综合论证确定。

数据中心动力系统应与数据中心的整体建设要求协调统一，应与近期建设规模和远期发展规划协调一致，应为施工安装、操作运行、维修检测、安全保护、设备搬运等提供便利条件。

数据中心需要分期部署时，应采取有效技术措施，确保新增设备和管路不会影响已有电子信息设备的正常运行。

A级机房的变配电所应采取物理隔离，容错配置的变配电设备及供电路由应分别布置在不同的物理隔间内。

若不间断电源系统配置蓄电池，则 A 级数据中心应设置独立的蓄电池室，B 级数据中心宜设置独立的蓄电池室。

使用下送风精密空调的机房内宜设置独立的空调间，冷源管道应在空调间内排布，空调间与机房连接处地板下应设置挡水坝，挡水坝高度不低于 50mm。使用冷冻水行间空调的机房内地板下空间不应作为布线区使用。

空调间内冷源管道排布应设置在远离机房一侧，下送风精密空调应放置在靠近机房一侧。空调间的空间布局应便于设备和管道的维护和更换，以及供配电装置的安装。

（3）系统设备选用原则。

UPS 设备应选用高功率因数、高效率的设备。

所有配电断路器前一级开关容量应大于后一级，输入开关的安全等级应高于输出开关，配电柜前一级开关容量应大于后一级所有开关总使用容量。

当负载容量确定时，应优先选择单台容量可以满足要求的设备。

数据中心需要发电机供电时，A 级机房应能够自动控制发电机启停，其他机房宜能够自动控制发电机启停。

（4）电磁屏蔽要求。

对涉及国家秘密或企业对商业信息有保密要求的数据中心，应设置电磁屏蔽室或采取其他电磁泄漏防护措施，电磁屏蔽室的性能指标应按国家现行有关标准执行。

电磁屏蔽其他方面应符合现行国家标准《数据中心设计规范》（GB 50174）和《建筑电气工程电磁兼容技术规范》（GB 52204）的有关规定。

5.5 防雷接地

5.5.1 防雷接地要求

（1）金融行业数据中心的防雷接地设计应满足人身安全及电子信息系统正常运行的要求，并应符合现行国家标准《建筑物防雷设计规范》（GB 50057—2020）和《建筑物电子信息系统防雷技术规范》（GB 50343—2022）的有关规定。

（2）保护性接地和功能性接地宜共用一组接地装置，其接地电阻应按其中最小值确定。

（3）对功能性接地有特殊要求，需要单独设置接地线的电子信息设备，接地线应与其他接地线绝缘；供电线路与接地线宜同路径敷设。

（4）数据中心内所有设备的金属外壳、各类金属管道、金属线槽、建筑物金属结构等必须进行等电位连接并接地。

（5）电子信息设备等电位连接方式应根据电子信息设备易受干扰的频率及数据中心的等级和规模确定，可采用 S 型、M 型或 SM 混合型。

（6）采用 M 型或 SM 混合型等电位连接方式时，主机房应设置等电位连接网格，网格四周应设置等电位连接带，并应通过等电位连接导体将等电位连接带就近与接地汇流排、各类金属管道、金属线槽、建筑物金属结构等进行连接。每台电子信息设备（机柜）应采用两根不同长度的等电位连接导体就近与等电位连接网格连接。

（7）等电位连接网格应采用截面积不小于 $25mm^2$ 的铜带或裸铜线，并应在防静电活动地板下构成边长为 0.6～3m 的矩形网格。

（8）等电位连接带、接地线和等电位连接导体的材料和最小截面积应符合表 5-1 的要求。

表 5-1 等电位连接带、接地线和等电位连接导体的材料和最小截面积

名　　称	材　料	截面积（mm^2）
等电位连接带	铜	50
利用建筑内的钢筋做接地线	铁	50
单独设置的接地线	铜	25
等电位连接导体（从等电位连接带至接地汇流排或至其他等电位连接带，各接地汇流排之间）	铜	26
等电位连接导体（从机房内各金属装置至等电位连接带或接地汇流排，从机柜至等电位连接网格）	铜	6

（9）3~20kV备用柴油发电机系统中性点接地方式应根据常用电源接地方式及线路的单相接地电容电流数值确定。当常用电源采用非有效接地系统时，柴油发电机系统中性点接地宜采用不接地系统。当常用电源采用有效接地系统时，柴油发电机系统中性点接地可采用不接地系统，也可采用低电阻接地系统。当柴油发电机系统中性点接地采用不接地系统时，应设置接地故障报警。当多个柴油发电机组并列运行，且采用低电阻接地系统时，可采用其中一个机组接地方式。

（10）2kV及以下备用柴油发电机系统中性点接地方式宜与低压配电系统接地方式一致。多个柴油发电机组并列运行，且低压配电系统中性点直接接地时，多个机组的中性点可经电抗器接地，也可采用其中一个机组接地方式。

5.5.2 设计参考标准

（1）国内标准见表5-2。

表 5-2 国内标准

GB 50343—2022	《建筑物电子信息系统防雷技术规范》
GB 5005—2020	《建筑物防雷设计规范》
GB 50462	《数据中心基础设施施工及验收规范》
YD 5098－2005	《通信局（站）防雷接地工程设计规范》

（2）国际标准见表 5-3。

表 5-3　国际标准

ITU-T K.25	光纤的保护
ITU-T K.27	电信大楼内的连接结构和接地
ITU-T	接地和连接手册
IEC 62305-1-2020	Protection against lightning - Part 1:General principles
IEC 62305-2-2020	Protection against lightning - Part 2:Risk management
IEC 62305-3-2020	Protection against lightning - Part 3:Physical damage to structures and life hazard
IEC62305-4-2020	Protection against lightning - Part 4:Electrical and electronic systems within structures
IEC 60364-5-54-2002	Electrical installations of buildings - Part 5-54 Selection and erection of electrical equipment - Earthing arrangement, protective conductors and protective bonding conductors
ETS 300 253-2002	Equipment Engineering; Earthing and bonding of telecommunication equipment in telecommunication centre
IEC 60950-2-2022	信息技术设备的安全　第 2 部分：通用要求

5.6　建筑设备监控系统

（1）建筑设备监控系统节能设计，应在保证分布式系统实现分散控制、集中管理的前提下，利用控制和信息集成技术。

（2）建议设置分类、分级用能自动远传计量系统，且设置能源管理系统实现对建筑能耗的监测、数据分析和管理。

（3）可设置 PM10、PM2.5、CO_2 浓度的空气质量监测系统，且具有存储至少一年的监测数据和实时显示等功能。

（4）当冷热源、供暖通风及空气调节等系统的负荷变化较大或调节阀（风门）阻力损失较大时，各系统的水泵和风机宜采用变频调速控制。

（5）冷源系统的监控宜采用下列节能措施。

① 当根据冷量控制冷冻水泵、冷却水泵、冷却塔运行台数时，水泵及冷却塔风机宜采用调速控制。

② 根据制冷机组对冷却水温度的要求，监控系统应按与制冷机适配的冷却水温度自动调节冷却塔风机转速。

③ 当空调系统冷量很大，末端设备数量较多时，可通过调节二级冷冻水压力和冷冻水泵运行台数进行节能控制。

（6）空调系统的监控宜采用下列节能措施。

① 在不影响舒适度的情况下，温度设定值宜根据昼夜、作息时间、室外温度等条件自动再设定。

② 根据室内外空气焓值条件，自动调节新风量。

③ 通过室内二氧化碳（CO_2）浓度检测来自动调节新风量，在保证舒适度的前提下，采用最小新风量控制。

④ 采用空调设备的最佳启停时间控制，以及负荷间歇运行控制。

⑤ 在建筑物预冷或预热期间，按照预先设定的自动控制程序启动或停止送新风。

⑥ 采用夜间新风注入控制。

⑦ 过渡季节进行零能量区域控制。

（7）建筑物内照明系统的监控宜采用下列节能措施。

① 工作时段设置与工作状态自动转换。

② 工作分区设置与工作状态自动转换。

③ 在人员活动有规律的场所，采用时间控制和分区控制组合控制方式。

④ 在人员活动无规律的场所，采用红外线探测器控制方式。

⑤ 在可利用自然光的场所，采用照度传感器的调光控制方式。

（8）给排水系统宜按预置程序在用电低谷时将水箱灌满，将污水池排空。

（9）在保证供配电系统安全运行的条件下，宜根据用电负荷的大小控制变压器运行台数。

5.7 应用实例

本节以贵安新区某项目为例，对绿色数据中心建设过程中电气专业的相关内容进行说明。

该项目定位于 A 级数据中心，整体工程建成后可容纳超过 5 万台服务器。

由数据中心等级及服务器总数可知，该项目的可靠性要求高，耗电量巨大。最终，项目经过长期的调研及方案比选后将建设地定于贵州省贵安新区。

综合来说，贵安新区依靠贵州充足的水电资源、便宜的电价，为绿色数据中心的建设提供了先决条件。同时，贵安新区有很多恒温山洞，可以实现洞库式数据中心的建设，这不仅成为绿色数据中心建设的新优势，也将数据中心的可靠性及防护等级提高到了一个新的高度。

设计过程中，该项目将电源设置于各供电区域的负荷中心，从而缩短供电半径，提高供电质量，避免线缆的浪费。同时，该项目变压器、不间断电源、柴油发电机组等设备的选型也满足相关规范和节能的要求。

为了提高电源质量，采用不间断电源系统为 IT 负荷及其辅助动力负荷供电，并且在低压侧采用 SVG+APF 无功补偿及谐波治理措施。

该项目的照明光源均采用 LED，在保证照度充分且均匀的前提下，满足照明功率密度值符合《建筑照明设计标准》（GB 50034）的有关规定。同时，该项目在机房、走廊等区域采用智能照明控制系统，实现分模式的就地和远程控制。整套照明系统不仅便于管理，也达到了节能的目的。

该项目设置了完整的动环监控系统，对机房内的动力设备及环境进行遥测、遥信、遥控，实时监视系统和设备的运行状态，记录和处理相关数据，及时侦测故障，通知人员处理，实现机房动力和环境的集中维护管理及机房的少人或无人值守，提高系统维护效率，保障通信设备的安全可靠运行。

第6章 室内装修要求

数据中心的室内装修应满足工艺要求，符合《数据中心设计规范》（GB 50174—2017）、《建筑内部装修设计防火规范》（GB 50222—2017）、《民用建筑工程室内环境污染控制规范》（GB 50325）、《绿色数据中心建筑评价技术细则（2015年）》的规定。

6.1 基本要求

（1）功能性原则：设计时必须首先满足和保证使用要求，确保实用的功能性；要在确保主体结构不受损害的基础上，对建筑的立面和室内空间等进行装修装饰。

（2）安全性原则：在设计时，墙体、地面及顶棚都要具有一定强度和刚度，确保符合各项设计要求，特别是各部分之间连接的节点，必须做到安全可靠。

（3）可行性原则：设计时，一定要有可行性，做到施工方便、易于操作。

（4）经济性原则：在同样的造价下，通过巧妙的结构设计，实现良好的实用与艺术效果，以达到合理控制造价预算。

（5）建筑内部装修设计应规范化、合理化，应减少火灾危害，保护人身和财产安全。建筑内部装修设计应积极采用不燃性材料和难燃性材料,避免采用燃烧时产生大量浓烟或有毒气体的材料,做到安全适用、技术先进、经济合理。建筑内部装修防火设计除执行《建筑内部装修设计防火规范》(GB 50222—2017)的规定外,尚应符合国家、地方现行有关标准的规定。

(6)室内设计应结合建筑功能使用要求,装修完以后,不能影响消防、通风、控制性净高等要求。

(7)数据中心装修应以实用为主,机房地面工程包括净化除尘、防水保温处理、静电防护、机房屏蔽等,视实际需求而定;机房墙壁和顶棚的装修应满足使用功能要求,表面应平整、光滑、不起尘,避免眩光,并应减少凹凸面。

(8)室内装修除满足相关国家规范、标准外,还要契合金融行业的专业需求。

6.2 公共区域

公共区域为通往各 IT 机房、ECC 控制中心及能源供给用房的交通空间和共享空间,通常为人流、物流出入口,在设计时首先应考虑材料的耐火等级、完整性、环保性能,应遵循《建筑内部装修设计防火规范》(GB 50222—2017)的规定。

6.3 IT机房、ECC控制中心及能源供给用房

1. 室内装饰材料要求

室内装饰材料应选用不燃性材料或难燃性材料,以及气密性好、不起尘、

易清洁、在温湿度变化作用下变形小的材料。

室内装饰材料还应考虑防噪要求。在设备正常运行时，总控中心及辅助区的监控室、维护操作室、接待室、测试室内的噪声应不超过70dB。在支持区的柴油发电机房内，工作人员接触的噪声声级应不超《工业企业设计卫生标准》（GBZ1）及《工业企业噪声控制设计规范》（GB/T 50087）规定的噪声职业接触限值。

2. 室内装饰要求

（1）活动地板应可迅速地安装与拆卸，方便设备的布局与调整。

（2）建议使用高质量的全钢质防静电地板。

（3）地板的承重力要根据设备重量选取合适的规格，绝不允许有超负荷情况发生。在放置UPS、空调、蓄电池及重量较大的主机的地方需要使用角钢加设承重架。改造机房地板的承重力达不到要求的，必须采用楼板加固措施。

（4）活动地板上安放各类计算机设备，活动地板下预留500mm的空间敷设连接设备的各种电源、数据、信号管线及兼作风箱。

（5）活动地板下的地面和四壁装饰可采用水泥砂浆抹灰；地面材料应平整、耐磨；当活动地板下的空间作为静压箱时，四壁及地面均应选用不起尘、不易积灰、易于清洁的饰面材料。

（6）地板下要有防电磁干扰设施、防鼠咬密封设施、线缆固定线槽、线架和安全的接地系统。

3. 室内天花吊顶要求

（1）吊顶宜选用不起尘的吸声材料，颜色以淡色调为主，还应满足屏蔽、易清洗、自重轻、不燃烧、耐腐蚀、施工方便等要求。

（2）为保证机房的洁净度，吊顶以上空间、顶部和四壁均应抹灰，并刷不易脱落的涂料，吊顶内管道的饰面也应选用不起尘的材料。

（3）吊顶以上的空间应留有间距（具体可根据回风量的要求确定）；吊顶内

应无木质材料，宜使用轻钢龙骨或铝合金龙骨。

（4）顶棚上安装的灯具、火灾探测器及喷嘴等应协调布置，并应满足各专业的技术要求。

4. 室内墙、柱面装修要求

（1）机房其他房间的室内装饰应选用不起尘、易清洁且符合消防要求的材料。墙壁和顶棚表面应平整，减少积灰面。装饰材料可根据需要采取防静电措施。地面材料应平整、耐磨、易除尘。

（2）当整体机房内设有排水设备时，应采取有效的防止给排水漫溢和渗漏的措施。

（3）室内装潢风格应高雅、大方、简朴，格调淡雅。

（4）机房内墙、柱面装饰应采用防火、耐久的材料，使机房整体协调、美观，达到保温、隔热、防尘等要求。

5. 机房内隔断（墙）要求

数据中心主机房一般采用分模块扩展的方式进行建造，同一功能空间较少设置隔断（墙）。对于其中可能存在分隔需求的室内空间，如运维人员用房等，应在保证室内工作环境不受影响的前提下，尽量多地采用可重复使用的隔断（墙），以减少室内空间重新布置时对建筑构件的破坏，节约材料，同时为使用期间构配件的替换和将来建筑拆除后构配件的再利用创造条件。

6. 主机房、辅助区及不间断电源系统电池室的防水、防结露要求

数据中心建筑须满足国家标准《数据中心设计规范》（GB 50174—2017）、《电子计算机场地通用规范》（GB/T 2887）等的相关要求。

首先，在结构设计和施工方面应考虑数据中心的防水问题；其次，应严格控制室内环境，避免数据中心的主机房、辅助区及不间断电源系统电池室发生结露。采用下送风空调的主机房应在本层楼板底部采取保温措施（如敷设保温

棉等），以保证机房空调运行时楼板不结露。

洞库式数据中心建于山体内部，其防水要求与普通建筑略有不同，隧道防排水设计一般应遵循"防、排、截、堵结合，因地制宜，综合治理"的原则，使隧道建成后达到洞内基本干燥的要求，保证结构和设备的正常使用及行车安全；对于地下暗河、管道岩溶水，应遵循宜疏不宜堵的原则，不改变地下水总的流动趋势；当隧道建设对地表周边环境带来较大影响，甚至引发地质灾害时，应采取"以堵为主，限量排放"的对策。

6.4 配套空间

数据中心用房的办公业务用房、配套用房室内装修材料要求应遵循《建筑内部装修设计防火规范》（GB 50222—2017）的规定。

行政管理区的办公室、会议室内的噪声声级应满足现行国家标准《民用建筑隔声设计规范》（GB 50118）中的低限标准要求。办公室、会议室的隔声性能应满足国家标准《民用建筑隔声设计规范》（GB 50118）中的低限标准要求。

人员活动区的游离甲醛、苯、氨、氡和TVOC等空气污染物浓度应符合国家标准《民用建筑工程室内环境污染控制规范》（GB 50325）的规定。

6.5 应用实例

6.5.1 某洞库式数据中心装修材料

1. 主机房洞

（1）库房、拆包区：地面采用高强度水泥自流平，水泥硬化剂，表面抛光，

30%石英砂；墙面采用无机涂料喷涂（耐火等级为 A 级）；顶棚 5.0m 以下部分为铝合金条板吊顶。

（2）IT 机柜区（冷池）：地面采用高强度水泥自流平，透明水性聚氨酯罩面（耐火等级为 A 级）。

（3）冷通道：地面采用水泥硬化剂，表面抛光，平整为度为 2m±3mm；墙面、顶棚均采用无机涂料喷涂（耐火等级为 A 级）。

（4）竖井横通道：采用水泥地面，表面涂防尘漆，不起尘、不龟裂、不掉皮；墙面、顶棚均采用无机涂料喷涂（耐火等级为 A 级）。

2．支持区和辅助区

采用水泥地面，表面涂防尘漆，不起尘、不龟裂、不掉皮；墙面、顶棚均采用无机涂料喷涂（耐火等级为 A 级）。

6.5.2 装修难点及解决措施

（1）主机房洞内冷热通道的防火及隔热：主机房洞内侧板采用耐候钢板，内部与外侧区域隔离墙面安装岩棉板，底部、顶板处均增加岩棉板（岩棉板耐火等级为 A 级，厚度为 100mm，岩棉密度为 120kg/m^3）。在主机房洞内，每个防火分区中的细化分隔区域箱体整体应满足 120min 防火要求，必要时可在外壁喷涂耐火涂料。

（2）柴发洞的防火及隔音：柴发洞中箱体内填充物均不应采用易燃或助燃物料，隔音材料选择岩棉，用耐火纤维包裹后，以镀锌冲孔钢板全面覆盖。

第 7 章

制冷通风

7.1 基本要求

（1）数据中心制冷通风系统应满足数据中心的等级要求，符合现行国家标准《数据中心设计规范》（GB 50174—2017）的相关规定。

（2）数据中心内舒适性或其他功能用的供暖、通风、制冷与空调系统应符合现行国家标准《民用建筑供暖通风与空气调节设计规范》（GB 50736）和《工业建筑供暖通风与空气调节设计规范》（GB 50019）的相关规定。

（3）灾备数据中心制冷与空调系统不宜低于主数据中心的性能等级要求。

（4）数据中心的不同区域可以采用不同的性能等级，各自承担不同的信息系统业务。对应的制冷与空调系统不应低于该区域的性能等级要求。

（5）C 级机房的制冷与空调系统应符合下列规定。

① 数据中心制冷与空调系统应满足最大散热需求。

② 制冷与空调系统及其供配电、输配管路等设施发生故障或需要维护时，可以中断电子信息设备的运行。

（6）B 级机房的制冷与空调系统不得低于 C 级机房的配置，且应符合下列规定。

① 数据中心制冷与空调设施应设置冗余，在设备冗余能力范围内，设备故

障不会影响电子信息设备的正常运行。

② 制冷与空调设施的供配电、输配管路等装置发生故障或需要维护时，可以中断电子信息设备的运行。

（7）A级机房的制冷与空调系统不得低于B级机房的配置，且应符合下列规定。

① 数据中心制冷与空调设施应设置冗余，任一组件发生故障或维护时，不应影响电子信息设备的正常运行。

② 数据中心制冷与空调设施的供配电系统、输配管路应设置冗余，任一组件发生故障或维护时，不应影响电子信息设备的正常运行。

③ A级机房的空调系统宜设置连续制冷设施。

④ 数据中心需要分期部署时，应有技术措施避免新增设备和管路影响已有电子信息设备的正常运行。

（8）与其他功能用房共建于同一建筑内的数据中心，宜设置独立的空调系统。

（9）主机房与其他房间宜分别设置空调系统。

7.2 数据中心设计参数及负荷计算

（1）主机房、辅助区及不间断电源系统电池室的温度、相对湿度、室内空气质量均应符合现行国家标准《数据中心设计规范》(GB 50174—2017)的有关规定。环境参数应根据等级标准设计，当同一栋楼内存在不同等级的机房时，应按不同等级标准分别设计。

（2）数据中心机房内的热负荷包括围护结构算热、设备散热、太阳辐射热、人体散热、照明散热、新风热负荷等，以设备散热为主，潜热量小，显热比可达95%，须常年制冷。

7.3 合理利用气候环境建立绿色数据中心

根据统计数据，新建数据中心用于制冷的功耗约占整个数据中心总功耗的40%。因此，有效降低数据中心制冷功耗是构建绿色数据中心的关键。

新建数据中心应将设计重点放在高效的冷却系统设计上。有效利用外界空气直接冷却服务器或支持热量交换系统，是建立高效冷却系统的有效做法。

贵阳市位于贵州省中西部，属亚热带高原季风湿润气候，全年温差不大，年平均气温为14～16℃，最热的7月平均气温为22～24℃，最冷的1月平均气温为4～7℃。无霜期长达9～10个月，常年雨量充沛，气候湿润，年平均降雨量为1290～1380mm。光照条件较好，年日照时数为1110～1350h，年雨日约191天，年相对湿度高达79%～83%。根据相关气象资料，贵阳市在0～20℃下的干球温度小时数为5762h，占全年的65.5%。这从源头上降低了数据中心的冷负荷，且为利用自然气候制冷提供了绝佳条件。

7.4 制冷通风规定

（1）对于主机房、辅助区、支持区和行政管理区，空调系统末端应分区服务、分区控制。

（2）应综合末端分区情况和建设规划，选配系统设备的台数与容量。

（3）水系统、风系统应采用变频技术。

（4）冷水机组应采用变频技术。

7.5 围护结构节能

围护结构的得热量取决于围护结构的位置和构造。数据中心机房应避免有外墙，至少应避免有窗户，以减少太阳辐射热量和避免潜在的结露现象；还应考虑增加墙面的绝热层，特别是隔气层，以减少潜热负荷的侵入。在设计机房围护结构时，需要考虑机房全年散热的特点。在冬季，围护结构传热系数小，有利于机房散热，可按稳定传热方法计算空调区的冷负荷。

7.6 充分利用自然冷源

（1）使用自然冷源的方式分为以下两种：

① 间接使用自然冷源，即通过换热器进行交换，室内外空气隔离；

② 直接使用自然冷源，这与室外空气品质相关，国内大多数地区空气品质较差，直接使用自然冷源需要满足数据中心对空气品质的要求。

（2）采用水冷冷水机组作为冷源时，冬季可利用室外冷却塔及热交换器对空调冷冻水进行降温。

（3）空调系统可采用电制冷与自然冷却相结合的方式，或者采用直接引入式新风系统、隔离式热交换系统或带自然冷却盘管的机房专用空调等。

（4）可采用双冷源系统，如水冷却配自然冷却系统的双冷源机房空调系统，或者蒸发冷氟泵自然冷/冷冻水双冷源机房专用空调等。

7.7 冷热通道隔离

主机房气流组织应合理，做到冷热通道隔离，尽可能避免各种不同温度的气流掺混；应对机柜送风排热，而不是对机房整体送风排热；应减少输送系统耗能，特别是风机的电能。

7.8 送回风温度的设定

应设定恰当的送回风温度，在保证 IT 设备稳定运行的同时，还能确保机房空调设备选型的准确性、运行的节能性与经济性。

7.9 设备布局与气流组织

（1）机架应采用面对面、背对背方式布置，使面对面一侧形成冷通道（冷区），背对背一侧形成热通道（热区）。机房冷热分区后，应通过计算确定冷、热通道的间距。

（2）数据中心专用空调机可安装在靠近主机房的专用空调机房内，也可安装在主机房内。

（3）主机房空调系统的气流组织形式应综合考虑电子信息设备冷却方式、设备布置方式、设备散热量、室内风速与建筑条件等确定。

（4）新建数据中心机房建议采用架空地板下送风、上回风、上走线方式。

（5）应通过计算确定架空地板的净高，将架空地板下的送风断面风速控制在 1.5～2.5m/s。活动地板的高度见表 7-1。

表 7-1　活动地板的高度

防静电活动地板的高度	不宜小于 500mm	作为空调静压箱时
	不宜小于 250mm	仅用于电缆布线时

（6）空调送风口的开口面积应通过计算确定，并应能灵活地调整出风量。

（7）当机房局部安装高发热量设备时，应采用防止局部过热的技术措施。

7.10　监测与控制

（1）选用机房专用空调机时，空调机宜带有通信接口，通信协议应满足机房监控系统的要求，显示屏宜为汉字显示。监控的主要参数应接入数据中心监控系统，并应记录、显示和报警。

（2）机房专用空调、行间制冷空调宜采用出风温度控制。主机房内的湿度可由机房专用空调、行间制冷空调进行控制，也可由其他加湿器进行调节。

（3）环境和设备监控系统应符合下列规定。

① 监测和控制主机房和辅助区的温度、露点温度或相对湿度等环境参数，当环境参数超过设定值时，应报警并记录。核心设备区及高密度设备区宜设置机柜微环境监控系统。

② 环境检测设备的安装数量及安装位置应根据运行和控制要求确定，主机房的环境温度、露点温度或相对湿度应以冷通道或送风区域的测量参数为准。

③ 主机房和辅助区内有可能发生水患的部位应设置漏水检测和报警装置，强制排水设备的运行状态应纳入监控系统，进入主机房的水管应分别加装电动和手动阀门。

（4）空调系统应按照区域、系统和用途分别设置用能计量设备或装置。

7.11 空调系统形式

（1）数据中心空调系统形式应根据数据中心等级标准、建筑规模、电子信息设备使用特点、参数要求、所在地区气象条件和能源状况、节能环保和安全要求等因素，结合国家节能减排和环保政策的相关规定，经技术经济比较确定。

（2）数据中心空调系统应与数据中心的整体建设要求协调统一，应与近期建设规模和远期发展规划协调一致，应为施工安装、操作运行、维修检测、安全保护、设备搬运等提供便利条件。

（3）满足电子信息设备对运行环境的要求且技术经济合理时，数据中心空调系统宜采用自然冷却技术。

（4）数据中心空调房间宜集中布置，使用功能、温湿度参数等相近的空调房间宜相邻布置。

（5）对环境有不同要求的电子信息设备宜布置在不同的空调房间内。

（6）采用风侧自然冷却系统的主机房和供配电房间应符合下列规定。

① 采用风侧自然冷却的空调系统，宜对送风的温度、湿度、含尘量进行自动控制。室外空气质量不满足电子信息设备要求时，宜采用间接风侧自然冷却的空调形式。

② 在极端气象或某些特定条件下，采用风侧自然冷却设施不经济、不合理或无法满足使用要求时，应设置机械制冷设施进行补充。

③ 风侧自然冷却装置宜根据当地气象条件、水资源情况、数据中心建筑条件等，与蒸发冷却技术结合使用，如间接蒸发冷却空调。

④ 冬季需要运行的设备及有冻结风险的水管和阀门应有防冻设施。

⑤ 应避免空调送风、排风之间发生气流短路。

（7）数据中心采用冷冻水型机房空调时，宜采用送风温度控制，机房空调应运行在露点温度之上。

（8）采用冷冻水空调系统的 A 级数据中心宜设置蓄冷设施，蓄冷时间应满足电子信息设备的运行要求；控制系统、末端冷冻水泵、空调末端风机应由不间断电源系统供电；冷冻水供回水管路宜采用环形管网或双供双回方式。当水源不能可靠保证数据中心运行需要时，A 级数据中心也可采用两种冷源供应方式。

（9）设有新风系统的主机房，在保证室内外一定压差的情况下，送排风应保持平衡。

7.12 能量综合利用

（1）数据中心周边区域有供暖或生活用热需求时，宜合理回收使用主机房空调系统的排热。

（2）宜根据制冷方案，合理采用蓄冷技术。

7.13 自然冷源利用

（1）数据中心空调系统应根据当地气候条件，充分利用自然冷源，全年自然冷源使用时间不宜低于 3000h。

（2）数据中心的建设地点存在能够利用的可再生冷源，且技术经济合理时，应优先采用可再生冷源。当采用可再生冷源受到气候等原因的限制无法保证时，应设置辅助冷源。

7.14 设备选型

（1）空调和制冷设备的选用应符合运行可靠、经济适用、节能环保的要求。

（2）数据中心空调系统可采用多种空调形式相结合的方案。同一类空调宜采用规格型号相同的机型。

（3）空调和制冷设备的选用应结合项目实际情况，便于实现分期部署、分期扩容，避免不合理的集中设置导致低负载运行，系统效率低。

（4）数据中心采用风冷直膨机房空调时，宜采用变频机组。

（5）数据中心空调设施宜靠近发热设备，技术经济合理时，宜采用近端制冷的冷却设施。近端制冷设施的设置应满足电子信息设备的运行维护要求。

（6）置于室外或与室外环境直接接触的冷源设施需要在冬季运行时，应配备有效的防冻措施。设防温度应参照当地极端最低温度。

（7）数据中心的制冷系统宜采用开式冷却塔，需要对水质进行防污染保护的场合，也可采用闭式冷却塔。冷却塔设备材料的燃烧性能等级不得低于B1级。

（8）间接蒸发冷却空调系统在寒冷地区应用时，应考虑设备的防冻问题，要保证制冷系统连续稳定运行。

7.15 室外机安装

机房用风冷空调室外机安装应符合下列要求。

（1）室外机安装位置通风散热效果好，确保进、排风通畅，避免污浊气流的影响，避免发生热岛效应。

（2）多台室外机之间，以及室外机与其他构筑物之间的距离应符合设备技术要求。

（3）室内、外机的安装空间，室内机与室外机之间的最大管长和最大高差，均应符合产品的技术规范，同时兼顾能效比。

（4）室外机的维护与更换应便利，噪声和排热应满足周围环境需求。

（5）数据中心在建设前期，应根据应用的间接蒸发冷却空调机组形式，建筑预留好对接孔位及设置热回风夹层，对建筑气流进行匹配设计。

7.16 应用实例

以某洞库式数据中心为例，其主机房及辅助区的室内温度、相对湿度、洁净度应符合 A 级机房技术要求。

室内设计参数见表 7-2。

表 7-2 室内设计参数

序 号	项 目	技 术 要 求	备 注
一	环境要求		
1.1	主机房环境温度	18～27℃	
1.2	冷通道或机柜进风区域的相对湿度和露点温度	露点温度宜为 5.5～15℃，同时相对湿度不高于 60%	不得结露
1.3	主机房环境温度和相对湿度（停机时）	5～45℃，8%～80%，同时露点温度不高于 27℃	不得结露
1.4	辅助区温度、相对湿度（开机时）	18～28℃，35%～75%	
1.5	辅助区温度、相对湿度（停机时）	5～35℃，20%～80%	
1.6	不间断电源系统电池室温度	20～30℃	
二	空气调节		
2.1	主机房和辅助区设置空气调节系统	应	
2.2	不间断电源系统电池室设置空调降温系统	应	
2.3	主机房保持正压	应	

该数据中心采用一级间接蒸发冷却+电制冷蒸汽压缩式空调系统，机房内采用模块化精密空调产品集成AHU，可实现分期增加模块、分期投资，可靠性比大型水冷系统要高，运行管理调节性能好，室外空气质量对机房设备影响较小。在每个IT机房内设置两个新风机组，新风从送风通道引入，经过新风机组处理后送入机房冷池区。

AHU设置冗余备份，当一个模块出现故障时，空调之间可互为备用，使机房内的设备更加安全。

在IT隧道进风洞口设置防虫模块、初效过滤模块和送风预处理模块。防虫模块采用高密度不锈钢防虫网；初效过滤模块采用无纺布滤芯G3级初效过滤器，外框采用铝合金镀锌板。这样能保证送风空气质量及下游设备安全，并提高AHU节能性。

为使气流组织顺畅、合理、高效，将冷通道封闭，送风通道与热回风通道分离。AHU上下层机组之间通过风管将下层空调室外侧排风排至最上层的热吊顶。

空调系统运行工况分为干工况、湿工况及混合工况。处于干工况时，室外冷却风不经加湿冷却处理；处于湿工况时，室外冷却风须经加湿系统加湿处理；处于混合工况时，室外冷却风经加湿处理，室内空调模块同时启动压缩机制冷。该数据中心间接蒸发冷却空调机组运行模式控制如下：

（1）当室外干球温度$T \leqslant 15℃$时，处于干工况（自然冷却）；

（2）当室外干球温度满足$15℃ < T < 20℃$，处于湿工况（自然冷却）；

（3）当室外干球温度$T \geqslant 20℃$时，处于混合工况（自然冷却+DX补冷）。

为满足AHU换热需求，进、排风口均设置变频风机模块，风量满足隧洞内空调额定制冷量的需求，洞口两侧进风系统均设置冗余，排风口排风模块采用3+1冗余。进、排风系统均设计为热备模式，即风量由压差控制系统自动变频调节，使风机均在高效工作状态点且适应部分负荷需求，充分节能。

进线间、电池室、UPS 配电室存在较大显热负荷，采用机房专用精密空调，设置 1+1 冗余，机组采用 R410A 环保冷媒。

　　监控中心采用风冷氟泵高效精密空调，室外机选用模块化风冷冷凝器，统一布置在屋顶。采用架空地板下送风、上回风、上走线方式，气流组织高效合理，空调管道和线缆不应阻挡空调送风。架空地板的净高使架空地板下的送风风速被控制在 1.5~2.5m/s。机架采用面对面、背对背方式布置，使面对面一侧形成冷通道（冷区），背对背一侧形成热通道（热区），并进行冷通道封闭，顶部做封闭天窗，平时关闭，进行气体灭火时开启。选用防静电地板，防静电地板燃烧性能等级要求不低于 B1 级。冷通道区采用孔板式送风地板，地板开孔率不低于 50%。

第 8 章

海绵城市及绿色给排水

8.1 基本要求

结合绿色数据中心所在地区的可利用水资源状况、气象条件、地质条件、市政设施、当地政府规定的节水要求、城市水环境专项规划等，综合考虑，因地制宜地选择用水方案。水资源规划方案应综合考虑数据中心的空调制冷方式对用水的需求，景观、浇灌、办公和生活用水定额，停水情况下备用水源的供给，以及后期扩容造成用水量的变化。

8.2 海绵城市概念

海绵城市（图 8-1）是指城市像海绵一样，在适应环境变化和应对自然灾害等方面具有良好的"弹性"，下雨时吸水、蓄水、渗水、净水，需要时将蓄存的水"释放"并加以利用。

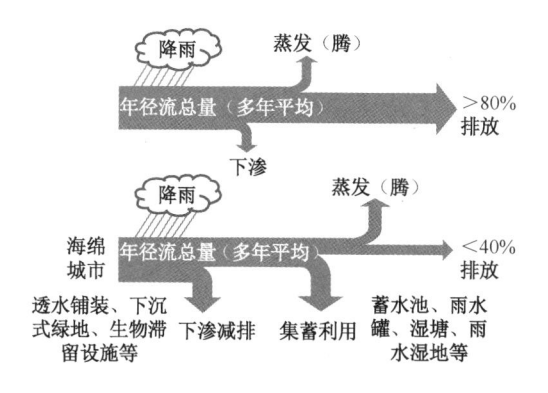

图 8-1 海绵城市

8.3 海绵城市建设意义

1. 水资源

通过海绵设施的建设，增加项目区内雨水渗透量，补充地下水体，同时开展雨水回用系统建设，充分利用雨水资源进行景观灌溉，减少市政用水量。

2. 水环境

通过生态净化截留措施的设置，实现对雨水径流污染物的有效控制，使径流污染控制率（以 SS 计）达到规定要求，同时使回用雨水达到景观用水水质要求。

3. 水安全

保证项目区内超标雨水排放，使项目区达到 20 年一遇 24h 降雨不淹的防洪排涝目标。

海绵城市建设应遵循生态优先等原则，将自然途径与人工措施相结合，在确保城市排水防涝安全的前提下，最大限度地实现雨水在城市区域的积存、渗透和净化，促进雨水资源的利用和生态环境保护。

在海绵城市建设过程中，应统筹自然降水、地表水和地下水的系统性，协调给水、排水等水循环利用各环节，并考虑其复杂性和长期性。

数据中心在建设过程中，可通过海绵城市设计，推广和应用低影响开发建设模式，加大建设地径流雨水源头减排的刚性约束，优先利用自然排水系统，建设生态排水设施，充分发挥场地绿地、道路、水系等对雨水的吸纳、蓄渗和缓释作用，使场地开发建设后的水文特征接近开发前，有效缓解城市内涝，削减城市径流污染负荷，节约水资源，保护和改善城市生态环境，为建设具有自然积存、自然渗透、自然净化功能的海绵城市提供重要保障。

8.4 数据中心的建设须充分考虑海绵城市的开发和运用

2012年4月，在"2012低碳城市与区域发展科技论坛"上，"海绵城市"的概念被首次提出。

2013年3月，国务院办公厅发布《关于做好城市排水防涝设施建设工作的通知》（国办发〔2013〕23号），其中第七条明确要求各地区积极推行低影响开发建设模式，即："各地区旧城改造与新区建设必须树立尊重自然、顺应自然、保护自然的生态文明理念；要按照对城市生态环境影响最低的开发建设理念，控制开发强度，合理安排布局，有效控制地表径流，最大限度地减少对城市原有水生态环境的破坏；要与城市开发、道路建设、园林绿化统筹协调，因地制宜配套建设雨水滞渗、收集利用等削峰调蓄设施，增加下凹式绿地、植草沟、人工湿地、可渗透路面、砂石地面和自然地面，以及透水性停车场和广场。新建城区硬化地面中，可渗透地面面积比例不宜低于40%；有条件的地区应对现有硬化路面进行透水性改造，提高对雨水的吸纳能力和蓄滞能力。"

2013年9月，国务院发布《关于加强城市基础设施建设的意见》（国发〔2013〕36号），提出城市建设中应遵循绿色优质的基本原则，并要求："积极推行低影响开发建设模式，将建筑、小区雨水收集利用、可渗透面积、蓝线划定与保护等要求作为城市规划许可和项目建设的前置条件，因地制宜配套建设雨水滞渗、收集利用等削峰调蓄设施。"

2013年12月，习近平总书记在中央城镇化工作会议上强调："提升城市排水系统时要优先考虑把有限的雨水留下来，优先考虑更多利用自然力量排水，建设自然积存、自然渗透、自然净化的海绵城市。"

2015年2月，贵州省贵安新区申报中央财政支持海绵城市建设试点。

2015年3月，三部委确定22个城市参与国家海绵城市建设试点城市竞争性评审答辩，最后有16个获得海绵城市的资格。2015年4月2日，根据财政部网站消息，海绵城市建设试点城市名单正式公布。根据竞争性评审得分，贵州省贵安新区被列为16个试点城市之一。

2015年10月，国务院办公厅发布《关于推进海绵城市建设的指导意见》（国办发〔2015〕75号），明确指出了海绵城市建设的工作目标："通过海绵城市建设，综合采取渗、滞、蓄、净、用、排等措施，最大限度地减少城市开发建设对生态环境的影响，将70%的降雨就地消纳和利用。到2020年，城市建成区20%以上的面积达到目标要求；到2030年，城市建成区80%以上的面积达到目标要求。""统筹推进新老城区海绵城市建设，从2015年起，全国各城市新区、各类园区、成片开发区要全面落实海绵城市建设要求。""推进海绵型建筑和相关基础设施建设，推广海绵型建筑与小区，因地制宜采取屋顶绿化、雨水调蓄与收集利用、微地形等措施，提高建筑与小区的雨水积存和蓄滞能力；推进海绵型道路与广场建设，改变雨水快排、直排的传统做法，增强道路绿化带对雨水的消纳功能，在非机动车道、人行道、停车场、广场等扩大使用透水铺装，推行道路与广场雨水的收集、净化和利用,减轻对市政排水系统的压力。"

贵州省地处副热带东亚大陆季风区,气候类型属于亚热带湿润季风气候,常年雨量充沛,时空分布不均。全省大部分地区的年降水量在1100~1300mm,最大值接近1600mm,最小值约为850mm。年降水量的地区分布形势是南部多于北部,东部多于西部。全省有三个多雨区和三个少雨区。三个多雨区分别位于西南部、东南部和东北部,其中西南部多雨区的范围最大。该区的晴隆县年降水量达1588mm,是全省雨量中心。三个少雨区分别在威宁、赫章和毕节一带,大娄山西北部的道真、正安和桐梓一带,舞阳河流域的施秉、镇远一带。各少雨区的年降水量在850~1100mm。针对贵州省降雨频率高、降雨强度大等气候特征,在绿色数据中心设计与建设过程中,要避免数据中心选址地区内涝,合理规划园区雨水的排放和收集。

8.5 充分考虑中水回用,合理、有效利用水资源

中水来源于建筑生活排水,包括人们日常生活中排出的生活污水和生活废水。生活废水包括冷却排水、沐浴排水、盥洗排水、洗衣排水及厨房排水等杂排水。不含厨房排水的杂排水称为优质杂排水。中水指的是各种排水经过处理后达到规定的水质标准,可在生活、市政、环境等范围内杂用的非饮用水。我国的建筑排水量中生活废水所占份额住宅为69%,宾馆、饭店为87%,办公楼为40%。如果将它们收集起来,经过净化处理成为中水,用作建筑杂用水和城市杂用水,替代等量的自来水,就相当于增加了城市的供水量,减少了自来水厂的供水负担。

从长远看,在水资源越发缺乏的情况下,建设第二水资源——中水系统势在必行。它是实现污水资源化、节约水资源的有力措施,是今后节约用水发展

的必然方向。

8.5.1 概念

中水回用,即把生活污水、城市污水或工业废水经过深度技术处理,去除各种杂质,以及污染水体的有毒、有害物质和某些重金属离子,进而消毒灭菌,使水体无色、无味、清澈透明,达到或好于国家规定的杂用水标准,广泛应用于企业生产或居民生活。

工艺流程：生活污水→格栅/沉沙池→调节池/生化池/MBR→泵→清水池/消毒→回用。

8.5.2 原理

利用膜生物反应器将污水生化处理与物化处理于一池内完成,生化降解有机物,孔隙率不大于 $0.4\mu m$ 的膜过滤使固液分离,大大提高了泥水分离效率,并且由于曝气池中活性污泥的增加和污泥水中特效菌的出现,提高了生化反应速率。该工艺能大大减少剩余污泥的产量,处理后的出水为清澈透明的净水,出水水质大大优于其他污水处理工艺。

8.5.3 技术特点

（1）能高效地进行固液分离,将废水中的悬浮物质、胶体物质、生物单元流失的微生物菌群与已净化的水分开。分离工艺简单,占地面积小,出水水质好,一般无须经三级处理即可回用。

（2）可使生物处理单元内生物量维持在高浓度,使容积负荷大大提高。同时,膜分离的高效性使处理单元水力停留时间大大缩短,生物反应器的占地面积相应减少。

（3）由于可防止各种微生物菌群的流失,有利于生长速度缓慢的细菌（硝化细菌等）的生长，从而使系统中各种代谢过程顺利进行。

（4）使一些大分子难降解有机物的停留时间变长，有利于它们的分解。

（5）膜处理技术与其他过滤分离技术一样，在长期的运转过程中，膜通量会逐渐下降，有效的反冲洗和化学清洗可减缓膜通量的下降，维持 MBR 系统的有效使用寿命。

（6）将 MBR 技术应用在城市污水处理中，工艺简单，操作方便，可以实现全自动运行管理。

① 占地面积小，不受设置场合限制。

② 自动化程度高，易于管理。

③ 低能耗，节省运行费用。

④ 剩余污泥极少，易于对传统工艺进行改造。

⑤ MBR 的出水水质全面优于国家已颁布或即将颁布的关于回用水的水质标准。

8.6 合理利用雨水

在数据中心节水节能中，最容易被人忽略的就是雨水。雨水是一种不同于上水及下水的水，可以将其作为中水的源水加以利用，而不是像以往那样将其作为废水排入下水道中。雨水利用就是将雨水收集起来，经过药剂处理后得到符合某种水质指标的水的过程。类似于中水，处理后的雨水作为一种可以利用的水资源，可以用于厕所冲洗、城市绿化、景观用水，以及其他适应中水水质标准的用水。建筑物收集雨水的一般做法是，由导管把屋顶的雨水引入设在地下的雨水沉砂池，经沉积的雨水流入蓄水池，由水泵送入杂用水蓄水池，经加氯消毒后送入中水系统。

8.7 选用节水新材料、新技术

据资料统计，大便器用水和洗澡用水占全部生活用水的70%以上。因此，节约用水应主要着眼于这两部分用水。而卫生器具和配水器材是水的最终使用单元，它们节水性能的好坏直接影响建筑节水工作的成效，因而大力推广使用节水型卫生器具和配水器材是实现建筑节水的重要手段和途径。但是，节约用水不是简单地减少用水量，而是在满足卫生器具使用功能的前提下，在合理范围内节约用水。

8.7.1 节水型水龙头

用水器具的选用应满足现行标准《节水型生活用水器具》（CJ 164）及《节水型产品技术条件与管理通则》（GB/T 18870）的要求。

目前，节水型水龙头大多采用陶瓷阀芯，国外应用较为广泛的有充气水龙头、自闭式水龙头、光电控制式水龙头等，国内应积极推广使用。以节水型水龙头代替传统的普通水龙头，在水压相同的条件下，节水型水龙头比普通水龙头有着更好的节水效果，节水量为20%～30%。而且，在静压越高、普通水龙头出水量越大的地方，节水型水龙头的节水量越明显，所以应在数据中心安装使用节水型水龙头，以减少浪费。

8.7.2 节水型便器冲洗设备

节水型便器冲洗设备包括小容积水箱大便器、延时自闭冲洗阀式小便器、自动感应冲洗阀式小便器等。

8.7.3 管材采用绿色环保材料

（1）室外给水管采用镀锌或不锈钢管材，压力等级为 1.6MPa，执行标准为 CJ/T 189—2007，连接宜采用沟槽连接件（卡箍）、螺纹、法兰、卡压等方式。

（2）室内压力排水管采用镀锌钢管，连接宜采用沟槽连接件（卡箍）、螺纹、法兰、卡压等方式，不宜采用焊接方式。

（3）对于生活给水管，DN≤50mm 的采用铜芯截止阀，DN＞50mm 的采用铜芯闸阀。

（4）生活水泵吸水管及出水管上均采用铜芯闸阀。出水管上的止回阀采用防水锤消声止回阀，其他部位均为铜芯止回阀。排气阀为 DN20 自动排气阀（阀体内的杠杆和浮球为不锈钢制品）。

（5）倒流防止器采用不锈钢阀体。

（6）减压阀、倒流防止器前所设的过滤器均采用 Y 型过滤器，其公称压力同各系统阀门的公称压力。过滤器应定期清洗，去除杂物。

（7）压力排水管道上的阀门采用铜芯球墨铸铁闸阀和污水专用球形止回阀，公称压力均为 1.0MPa。

（8）给排水管道穿越人防地下室围护结构的内侧和穿越防护单元隔墙的两侧，应采用公称压力大于或等于 1.0MPa 且不低于所在系统工作压力的铜芯闸阀。

（9）管道布置及敷设要考虑机房防水需求，避免任何和电气无关的水管穿越电气机房。如有电气机房设置在用水设备的下层，应在机房顶部设置硬质吊顶及挡水围挡，并在围挡内设置漏水传感器及排水管或排水地漏。

（10）给水管和排水管上外裹保温材料，保温材料接口处应保证严密，严禁出现结露现象，并在可能产生冷凝水的位置（如冷冻机组、空调等）设置漏水传感器，及时监测房间情况。给排水管道应采用金属材质的管道，以免管道伸缩及使用时碰撞造成管道断裂而产生漏水，影响机房的正常运行。机房污水及雨水建议收集入井后提升外排，以免造成机房积水。

8.8 保证数据中心供水安全和水质安全

机房加湿补水：主要供给空调加湿用水，加湿用水量根据空调专业设计条件确定，加湿用水采用软水，加湿用水仅发生在冬季，不与夏季最大日用水量累计，原水由市政自来水环网直接供给。

冷冻水系统应急补水：主要供给主楼空调冷冻水系统初期贮水及系统事故时补水，补水采用软水，原水由市政自来水环网直接供给。空调冷冻水系统补水，属于事故状态的应急补水，最大补水量通过暖通专业计算确定，最大日补水时间按 12 小时计。

空调循环冷却水补水：主要供给机房模块空调循环冷却系统补水，补水采用市政自来水。补水由模块内市政自来水环网直接供给，补水管路起端加设独立水表。最大日补水时间按 24 小时计。

生活用水主要是数据中心单体及附属用房的卫生间用水，用水定额参考办公楼，按每天每人每班 50 升计。

应确保机房空调供水安全，尤其是空调冷却塔的补水安全。应根据市政供水情况，确定是否要考虑空调冷却塔备用补水量，以便在市政供水出现故障的情况下供冷却塔补水用。当由补水泵补水时，也应考虑双路供水，以保障空调冷却塔的补水安全。

数据中心给排水系统在满足数据中心制冷、加湿、办公等用水需求的同时，应尽量避免数据中心设备被水浸渍的风险。冷却水用水水质应满足《采暖空调系统水质标准》(GB/T 29044) 或设备使用要求，加湿用水水质应满足现行国家标准《生活饮用水卫生标准》(GB 5749) 中的相关要求。数据中心为维持 IT 设备所需的温湿度等环境指标，需要不间断进行冷却塔的冷却水循环，部分数据中心需要长时间对机房内部进行加湿。用水水质会直接影响冷却塔和加湿器的热交换速度、结垢速度等，进而影响设备运行的安全性及效率，故应严格控制冷却水和加湿用水的水质，以保证设备正常运行。

8.9 引进BIM技术

BIM技术的应用不仅体现在建筑的设计、规划、施工等阶段，还体现在绿色建筑运营阶段。在建筑物使用期间，需要维护建筑物结构设施（如墙、楼板、屋顶等）和相关设备。一个成功的维护方案将提高建筑物性能，降低能耗和修理费用，进而降低总体维护成本。将BIM技术与运营维护管理系统结合，可以充分发挥空间定位和数据记录的优势，合理制订维护计划，分配专人专项维护工作。对一些重要设备还可以跟踪维护工作的历史记录，以便对设备的适用状态提前做出判断。

在倡导绿色环保的今天，建筑建造需要采用更清洁、更有效的技术，尽可能减少能源和其他自然资源的消耗，建立极少产生废料和污染物的工艺和技术系统。利用BIM技术可以进行模拟实验，如节能模拟、紧急疏散模拟、日照模拟、热量传导模拟等。在招投标和施工阶段可以利用BIM技术进行4D模拟（三维模型加项目的发展时间），也就是根据施工的组织设计模拟实际施工，从而确定合理的施工方案来指导施工。还可以利用BIM技术进行5D模拟（基于三维模型的造价控制），实现成本控制。

BIM是信息技术在建筑中的应用。应当以绿色为目的、以BIM技术为手段，用绿色的观念和方式进行建筑的规划、设计，在施工和运营阶段促进绿色指标的落实，实现资源优化整合。

8.10 应用实例

下面以贵安新区某项目为例,对海绵城市建设进行介绍。

8.10.1 基本情况及要求

该项目位于贵安新区,基本情况如下。

(1)项目名称:×××海绵城市建设工程。

(2)项目建设地点:贵安新区海绵城市试点区。

(3)工程性质:低影响开发建设工程。

(4)设计内容:根据海绵城市建设标准,对该项目进行低影响开发设计,增设低影响开发相关设施。

(5)建设目标:对该项目进行低影响开发设计,使项目达到贵安新区海绵城市建设的相关控制指标。具体指标要求见表8-1。

表8-1 指标要求

地块编号	面积(ha)	绿化率(%)	建筑比例(%)	强制性指标		引导性指标			单位面积调蓄容积(m³/ha)
				年径流总量控制率(%)	年SS总量去除率(%)	透水铺装率(%)	下沉式绿地率(%)	绿色屋顶率(%)	
02-04-14	9.983074	≥25	≤40	80	60	30	45	—	—

该项目的主要技术指标如下:规划总用地面积为9.983074ha,总建筑面积为224573.43m^2,容积率为1.5,总建筑密度为39.86%,绿地率为25.04%。

在传统设计的基础上,进行海绵城市专项设计,布置海绵设施,使项目达到规划指标的要求:项目年径流总量控制率为80%,年SS总量去除率为60%。

8.10.2 设计思路

为实现海绵城市建设目标,必须贯彻"节水优先、空间均衡、系统治理、两手发力"建设思路,加大城市径流雨水源头减排的刚性约束,实现经济与资源环境的协调发展,转变传统的排水防涝思路,让城市"弹性适应"环境变化与自然灾害。主要原则包括:规划引领、遵循自然、因地制宜、统筹建设、全面协调。

规划引领:在城市各层级、各相关专业规划及后续的建设程序中,应落实海绵城市建设、低影响开发雨水系统构建的内容,先规划后建设,体现规划的科学性和权威性,发挥规划的控制和引领作用。

遵循自然:综合考虑贵安新区的地形地貌、生态系统和地理单元的完整性,突出区域主体生态功能的一致性,考虑自然条件、生态保护和建设措施的相似性,充分发挥植被、土壤等自然下垫面对雨水的调蓄渗透作用,以及湿地、水体等对水质的自然净化作用,注重对城市原有生态系统的保护和修复,严守生态保护控制线,确保生态功能不降低、面积不减少、性质不改变。

因地制宜:根据贵安新区的自然地理条件、水文地质特点、水资源禀赋状况、降雨规律、水环境保护与内涝防治要求等,合理确定低影响开发控制目标与指标,科学规划布局和选用下沉式绿地、植草沟、雨水湿地、透水铺装、多功能调蓄等低影响开发设施及其组合系统。

统筹建设:根据海绵城市建设要求,对建设项目进行长期、系统的安排,立足当前,着眼长远,按项目轻重缓急,合理安排海绵城市近期和远期建设。

全面协调:基于"海绵"理念,全面协调贵安新区城市规划设计、基础设施建设运营与海绵城市建设,实现统一规划、统一建设、统一管理。

8.10.3 开发步骤

基于以上基本情况,充分贯彻海绵城市的要求和理念,对该项目进行场地评估和以下分析。

（1）项目高程分析。

（2）项目周边场地径流分析。

（3）项目车库范围分析。

（4）传统开发模式分析。

（5）传统开发模式下建筑屋面雨水径流分析。

（6）传统开发模式下场地雨水径流分析。

（7）传统开发模式下雨水管网及径流分析。

对以上内容进行分析以后，对比海绵城市的要求，尽量达到实施方案中提出的目标，并结合当前际情况进行设计和实施。

8.10.4　总体方案设计

1．设计原则

（1）以当前实际情况作为设计的基本条件，以解决实际问题作为设计的基本方向。

（2）新建工程系统的布局与原建筑给排水设计的室外排水管网系统有机协调。

（3）根据原设计情况选用合适的 LID 设施，同时不降低原设计系统的排水能力。

（4）在达到径流控制指标的同时需要把握海绵城市建设的核心，即实现污染控制、生态环境保护和雨水利用综合目标。

2．技术路线

（1）初步确定总体控制目标：以年径流总量控制率、年 SS 总量去除率为核心，兼顾雨水资源化利用率。

（2）根据传统开发模式下的设计，分析管网集水范围及地形特征等项目情况。

（3）对现有下垫面进行分析，初步确定各下垫面设计方式及LID设施布置形式与位置。

（4）根据不同LID设施的组合，提出两个方案，从方案可实施性、控制指标达到程度及项目投资等方面对两个方案进行综合技术比选，确定能够落地的实施方案。

（5）对初步确定的各种LID设施划定汇流区域并初步计算LID设施规模。

（6）结合景观布置，确定LID设施规模，并通过海绵城市专项规划计算各LID设施实际控制效果，加权平均后以达到规划指标效果为原则进行具体设计。

3. 具体方案

（1）方案一。

源头采用绿色屋顶（所有屋顶采用绿色屋顶）+人行区域全部透水砖铺装+车行道透水沥青铺装+雨水花园的形式，末端的回用设施控制在100m^3左右。

优点：充分发挥源头措施的作用，最大限度减少末端回用设施的体量。

缺点：该项目屋顶为坡屋顶，且有鲜明的建筑主体特色，绿色屋顶将破坏其景观效果且造价过高。大面积做透水砖铺装影响整个地块的档次和景观效果。

（2）方案二。

源头采用部分屋面做绿色屋顶+车行道透水沥青铺装+雨水花园+生态停车场+局部透水砖铺装+透水塑胶铺装+植草沟+调蓄池的形式，末端的调蓄池在590m^3左右。

优点：尊重原有景观设计，不影响整体效果。

缺点：回用池容积大，占地面积大。

经过方案比选，最终确定的低影响开发设施组合方案为透水砖铺装+透水沥青铺装+透水塑胶铺装+生态停车场+雨水花园+植草沟+调蓄池+绿色屋顶。雨水花园如图8-2所示，透水沥青铺装如图8-3所示。计算得到的项目指标见

表 8-2。

图 8-2 雨水花园

图 8-3 透水沥青铺装

表 8-2 项目指标

地块编号	面积（ha）	强制性指标		引导性指标			单位面积调蓄容积（m³/ha）
		年径流总量控制率（%）	年SS总量去除率（%）	透水铺装率（%）	下沉式绿地率（%）	绿色屋顶率（%）	
02-04-14	9.983074	80.79	64.63	58	4.88	41.31	10247

第 9 章

机架布局及综合布线

9.1 基本要求

（1）数据中心的主机房、辅助区、支持区、行政管理区等功能区布线系统设计应符合现行国家标准《综合布线系统工程设计规范》（GB 50311）的有关规定。

（2）数据中心布线系统应支持数据和语音信号的传输。

9.2 机柜要求

9.2.1 数据中心机房规划

数据中心的组成应根据系统运行特点及设备具体要求确定，宜由主机房、辅助区、支持区、行政管理区等功能区组成。

主机房的使用面积应根据电子信息设备的数量、外形尺寸和布置方式确定，并应预留今后业务发展需要的使用面积。主机房的使用面积可按下式计算：

$$A=SN$$

式中：

A——主机房的使用面积；

S——单台机柜（架）、大型电子信息设备和列头柜等设备占用面积，可取 $2.0\sim4.0\mathrm{m}^2$；

N——主机房内所有机柜（架）、大型电子信息设备和列头柜等设备的总台数。

辅助区和支持区的面积之和可为主机房面积的 1.5～2.5 倍。

用户工作室的使用面积可按 $4\mathrm{m}^2/$人、$5\mathrm{m}^2/$人计算；硬件及软件人员办公室等有人长期工作的房间，使用面积可按 $5\mathrm{m}^2/$人、$7\mathrm{m}^2/$人计算。

在灾难发生时，仍要保证电子信息业务连续性，所以必须建立灾备数据中心。

灾备数据中心应根据安全需求、使用功能和人员类别划分为限制区、普通区和专用区。

9.2.2 设备布置

数据中心内的各类设备应根据工艺设计进行布置，应满足系统运行、运行管理、人员操作和安全、设备和物料运输、设备散热、安装和维护的要求。容错系统中相互备用的设备应布置在不同的物理隔间内，相互备用的管线宜沿不同路径敷设。

标准功率密度模块的机柜尺寸宜按照 2200mm×600mm×1100mm（高×宽×深）预留空间。中等功率密度模块的机柜尺寸宜按照 2400mm×600mm×1200mm（高×宽×深）预留空间。高功率密度模块的机柜尺寸建议根据实际需求进行定制。

工艺生产要求的净高为通信及配套设备和三层走线架的高度要求，但不包括活动地板高度。机柜高度为 2.2m 时，工艺净高不小于 3.2m。三层走线架的高度不包括空调管道、消防管道、照明灯具等土建设施需要占用的空间高度。若机柜高度 h>2.2m，则工艺净高不小于 3.2+(h-2.2)m。

当机柜（架）内的设备采用前进风/后出风冷却方式，且机柜自身结构未采用封闭冷通道或封闭热通道方式时，机柜（架）的布置宜采用面对面、背对背方式。

主机房内通道尺寸与设备间的距离应符合下列规定。

（1）用于搬运设备的通道净宽不宜小于 1.5m。

（2）面对面布置的机柜或机架正面之间的距离不宜小于 1.2m。

（3）背对背布置的机柜或机架背面之间的距离不宜小于 1m。

（4）当需要维修测试时，机柜与机柜、机柜与墙之间的距离不宜小于 1.2m。

（5）高功率密度（≥6kW/机架）的设备列间走道宽度应通过气流组织计算方式确定。

（6）机架列长不宜超过 15m。

9.3 综合布线

（1）数据中心布线系统应根据网络架构进行设计。设计范围应包括主机房、辅助区、支持区和行政管理区。主机房宜设置主配线区、中间配线区、水平配线区和设备配线区，也可设置区域配线区。主配线区可设置在主机房的一个专属区域内，占据多个房间或多个楼层的数据中心可在每个房间或每个楼层设置中间配线区，水平配线区可设置在一列或几列机柜的端头或中间位置。

（2）承担数据业务的主干和水平子系统应采用 OM3/OM4 多模光缆、单模光缆或 6A 类及以上对绞电缆，传输介质各组成部分的等级应保持一致，并应采用冗余配置。

（3）主机房布线系统中，所有屏蔽和非屏蔽对绞线缆宜两端各终接在一个信息模块上，并应固定至配线架。所有光缆应连接到单芯或多芯光纤耦合器上，并应固定至光纤配线箱。

（4）主机房布线系统中12芯及以上的光缆主干或水平布线系统宜采用多芯MPO预连接系统。存储网络的布线系统宜采用多芯MPO/MTP预连接系统。

（5）A级数据中心宜采用智能布线管理系统对布线系统进行实时智能管理。

（6）数据中心布线系统所有线缆的两端、配线架和信息插座应有清晰耐磨的标签。

（7）数据中心存在下列情况之一时，应采用屏蔽布线系统、光缆布线系统或采取其他相应的防护措施。

① 电磁环境未达到相关标准要求时。

② 网络有安全保密要求时。

③ 安装场地不能满足非屏蔽布线系统与其他系统管线或设备的间距要求时。

（8）数据中心布线系统与公用电信业务网络互联时，接口配线设备的端口数量和缆线的敷设路由应根据数据中心的等级，并应在保证网络出口安全的前提下确定。

（9）缆线采用线槽或桥架敷设时，线槽或桥架的高度不宜大于150mm，线槽或桥架的安装位置应与建筑装饰、电气、空调、消防等协调一致。当线槽或桥架敷设在主机房天花板下方时，线槽和桥架的顶部距离天花板或其他障碍物不宜小于300mm。

（10）主机房布线系统中的铜缆与电力电缆或配电母线槽之间的最小间距应根据机柜的容量和线缆保护方式确定，并应符合表9-1的规定。

表 9-1　铜缆与电力电缆或配电母线槽之间的最小间距

机柜容量（kV·A）	铜缆与电力电缆的敷设关系	铜缆与配电母线槽的敷设关系	最小间距（mm）
≤5	铜缆与电力电缆平行敷设	—	300
≤5	有一方在金属线槽或钢管中敷设，或使用屏蔽铜缆	铜缆与配电母线槽平行敷设	150
≤5	双方各自在金属线槽或钢管中敷设，或使用屏蔽铜缆	铜缆在金属线槽或钢管中敷设，或使用屏蔽铜缆	80
>5	铜缆与电力电缆平行敷设	—	600
>5	有一方在金属线槽或钢管中敷设，或使用屏蔽铜缆	铜缆与配电母线槽平行敷设	300
>5	双方各自在金属线槽或钢管中敷设，或使用屏蔽铜缆	铜缆在金属线槽或钢管中敷设，或使用屏蔽铜缆	150

9.4　预埋线槽和暗管敷设缆线

（1）敷设管道的两端应有标志，标出房号、序号和长度。

（2）敷设暗管时宜采用钢管或阻燃硬质 PVC 管。布放双护套线和主干缆线时，直线管道的管径利用率应为 50%～60%，弯管道为 40%～50%。暗管布放 4 对对绞电缆时，管道的截面利用率应为 25%～30%。

（3）预埋线槽宜采用金属线槽，线槽的截面利用率不应超过 40%。

（4）设置电缆桥架和线槽敷设缆线应符合下列规定。

① 电缆桥架宜高出地面 2.2m 以上，桥架顶部距顶棚或其他障碍物不应小于 0.3m。桥架宽度不宜小于 0.1m，桥架内横断面的填充率不应超过 50%。

② 电缆桥架内缆线垂直敷设时，缆线的上端和每间隔 1.5m 处应固定在桥架的支架上；水平敷设时，应在缆线的首、尾、转弯及每间隔 3～5m 处进行加固。

③ 电缆线槽宜高出地面 2.2m。在吊顶内设置时，槽盖开启面应保持 80mm

的垂直净空，线槽截面利用率不应超过50%。

④ 布放线槽缆线可以不绑扎，槽内缆线应顺直，尽量不交叉，缆线不应溢出线槽，在缆线进出线槽部位、转弯处应绑扎固定。垂直线槽布放缆线应每间隔1.5m固定在缆线支架上。

⑤ 在水平、垂直桥架和垂直线槽内敷设缆线时，应对缆线进行绑扎。4对对绞电缆以24根为束，25对或以上主干对绞电缆、光缆及其他信号电缆应根据缆线的类型、缆径、缆线芯数分束绑扎。绑扎间距不宜大于1.5m，扣间距应均匀，松紧适度。

⑥ 建筑群子系统采用架空、管道、直埋、墙壁及暗管敷设电缆和光缆的施工技术要求应参照《市内电话线路工程施工及验收技术规范》《电信网光纤数字传输系统工程施工及验收暂行技术规定》的相关规定执行。

9.5 光缆敷设

通信光缆有架空、直埋、管道、水底等敷设方式。

9.5.1 架空光缆

架空光缆是架挂在电杆上使用的光缆。这种敷设方式可以利用原有的架空明线杆路，节省建设费用，缩短建设周期。架空光缆挂设在电杆上，要求能适应各种自然环境。架空光缆易受台风、冰凌、洪水等自然灾害的威胁，也容易受到外力影响和本身机械强度降低等影响，因此架空光缆的故障率高于直埋光缆和管道光缆。架空光缆一般用于长途二级或二级以下的线路，适用于专用网光缆线路或某些局部特殊地段。

架空光缆的敷设方法有以下两种。

（1）吊线式：先将吊线紧固在电杆上，然后用挂钩将光缆悬挂在吊线上，光缆的负荷由吊线承载。

（2）自承式：光缆呈 8 字形，上部为自承线，光缆的负荷由自承线承载。

其敷设要求如下。

（1）用架空方式在平地环境敷设光缆时，使用挂钩吊挂；在山地或陡坡敷设光缆时，使用绑扎方式。光缆接头应选择易于维护的直线杆位置，预留光缆用预留支架固定在电杆上。

（2）架空杆路的光缆每隔 3～5 个挡杆要求做 U 形伸缩弯，大约每 1km 预留 15m。

（3）引上架空（墙壁）光缆用镀锌钢管保护，管口要用防火泥堵塞。

（4）架空光缆每隔 4 个挡杆左右及跨路、跨河、跨桥等特殊地段应悬挂光缆警示标志牌。

（5）空吊线与电力线交叉处应增加三叉保护管保护，每端伸长不得小于 1m。

（6）靠近公路的电杆拉线应套包发光棒，长度为 2m。

（7）为防止吊线感应电流伤人，每处电杆拉线要求与吊线电气连接，各拉线位应安装拉线式地线，要求吊线直接用衬环接续，在终端直接接地。

（8）架空光缆通常距地面 3m，在进入建筑物时要穿入建筑物外墙上的 U 形钢保护套，然后向下或向上延伸，光缆入口的孔径一般为 5cm。

9.5.2 直埋光缆

这种光缆外部有钢带或钢丝的铠装，直接埋设在地下，要求有抵抗外界机械损伤的性能和防止土壤腐蚀的性能。要根据不同的使用环境和条件选用不同的护层结构，例如，在有虫鼠害的地区，要选用有防虫鼠咬啮的护层的光缆。根据土质和环境的不同，光缆埋入地下的深度一般在 0.8～1.2m。在敷设时，必须使光纤应变保持在允许的限度内。

直埋敷设应满足以下要求。

（1）应避开酸、碱强腐蚀或化学腐蚀严重的地段。没有相应防护措施时，应避开有白蚁危害、热源影响或易受外力损伤的地段。

（2）光缆应敷设在壕沟里，光缆周围应覆盖厚度不小于 100mm 的软土或砂层。

（3）沿光缆全长应覆盖宽度不小于光缆两侧各 50mm 的保护板，保护板宜用混凝土制作。

（4）敷设位置在城镇道路等开挖频繁的地方，可在保护板上层铺以醒目的标志带。

（5）敷设位置在城郊或空旷地带，沿光缆路径直线间隔约 100mm 处、转弯处或接头部位，应竖立明显的方位标志或标桩。

（6）在非冻土区敷设时，光缆外皮至地下构筑物基础不得小于 0.3m，光缆外皮至地面不得小于 0.7m；位于车行道或耕地下方时，应适当加深，且深度不宜小于 1m。

（7）在冻土区进行敷设时，宜埋入冻土层以下，当无法深埋时可在土壤排水性好的干燥冻土层或回填土中埋设，也可采取其他防止光缆受损的措施。

（8）直埋敷设的光缆线路与铁路、公路或街道交叉时，应穿保护管，且保护范围要超出路基、街道路面两边及排水沟边 0.5m 以上。

（9）直埋敷设的光缆引入构筑物时应在贯穿坡孔处设置保护管，且应对管口实施阻水堵塞。

（10）直埋敷设光缆的接头与邻近光缆的净距不得小于 0.25m；并列光缆的接头位置宜互相错开，且净距不小于 0.5m；斜坡地形处的接头位置应呈水平状；对重要回路的光缆接头，宜在其两侧约 1000mm 开始的局部段留有备用方式敷设光缆。

9.5.3 管道光缆

管道光缆一般用在城市地区，管道敷设的环境比较好，因此对光缆护层没有特殊要求，无须铠装。

管道敷设前必须确定敷设段的长度和接续点的位置。敷设时可以采用机械牵引或人工牵引。一次牵引的牵引力不要超过光缆的允许张力。制作管道的材料可选用混凝土、石棉水泥、钢管、塑料管等。

管道敷设必须满足如下要求。

（1）敷设前应该在管孔内穿放子管，光缆选1孔同色子管穿放，未利用的子管管口应加塞子保护。

（2）考虑到敷设过程中都为人工操作，为了减少光缆接头损耗，管道光缆应采用整盘敷设。

（3）敷设过程中应尽量减小布放时的牵引力，整盘光缆由中间分别向两边布放，并在每个人孔安排人员做中间辅助牵引。

（4）光缆穿放的孔位应符合设计图纸要求，敷设管道光缆之前必须清刷管孔。子管在人（手）孔中应露出15cm左右的余长。

（5）手孔内子管与塑料纺织网管接口应用PVC胶带缠扎，以免渗入泥沙。

（6）光缆在手孔内安装时，如果手孔内有托板，光缆就固定在托板上；如果手孔内没有托板，则应将光缆固定在膨胀螺栓上，膨胀螺栓的钩口要求向下。

（7）光缆出管孔15cm以内不应做弯曲处理。

（8）每个手孔内及机房光缆和ODF架上均应采用塑料标志牌以示区别。

（9）光缆管道和电力管道必须用至少8cm厚的混凝土或30cm厚的压实土层隔开。

9.5.4 水底光缆

水底光缆是敷设于水底，穿越河流、湖泊和滩岸等处的光缆，这种光缆的敷设环境比管道光缆、直埋光缆差得多。水底光缆必须采用钢丝或钢带铠装的结构，护层的结构要根据河流的水文地质情况综合考虑。例如，在石质土壤、冲刷性强的季节性河床上，光缆遭受的磨损和拉力大，需要用粗钢丝做铠装，有时甚至要做双层铠装。

施工方法也要根据河宽、水深、流速、河床图纸等选定。水底光缆的敷设条件比直埋光缆严峻许多，故障修复也困难得多，所以水底光缆的可靠性要求比直埋光缆高。

海底光缆也属于水底电缆，但其敷设环境条件比一般水底光缆更加严峻，要求也更高，一般要求海底光缆的使用寿命在 25 年以上。

第10章 IT设备与网络要求

10.1 基本要求

（1）IT设备应结合数据中心要求按需购置、按需扩容，避免超前使用过高档次与过高配置的设备。

（2）应选择可扩展性强的设备，并根据实际业务需求确定设备配置。

（3）应选择具有国际/国家/行业节能等级认证的设备。

（4）应选择对工作环境温度、湿度要求宽松的设备。

（5）在同等性能下，应优先考虑散热能力强、体积小、重量轻、噪声低、易于标准机架安装的设备。

（6）在数据中心同一区域内，同一类IT设备必须选择进风与排风方式一致的产品型号，不同类型的IT设备宜选择进风与排风方式一致的产品型号。

（7）同一数据中心节点内同一类IT设备应尽量选择同一厂商的设备，以便于可能采用的虚拟化技术的应用；同一类设备选用的产品型号不宜过多，以便于设备维护与备件管理。

（8）在满足业务安全的情况下，应提高设备性能利用率，节省投入运行的设备数量。

（9）对于主机设备，应精简软件配置，不得安装与业务无关的软件。

（10）应合理配置维护终端和网管服务器等自用设备数量。

（11）应根据数据中心的规模合理配置 KVM 设备。

（12）应统筹考虑数据中心内各类应用的存储需求，并采用相关技术节省存储空间。

（13）金融行业绿色数据中心应以满足数据中心安全及节能需求为目标，运用系统工程的设计思想，统筹考虑系统各部分、各环节的功能和性能指标，采用实用技术和成熟设备。

10.2 设备选型

主机设备、存储设备和网络通信设备等所构成的 IT 设备是数据中心能耗第一大户，由它们所产生的功耗约占数据中心机房总功耗的 50%，其中主机设备的功耗占 40%左右，另外 10%的功耗基本上由存储设备和网络通信设备平分。因此，IT 设备选型很重要。金融行业绿色数据中心应通过采用虚拟化技术、节能芯片、刀片服务器等新产品、新技术，并配合高效的管理软件，有效降低 IT 设备的能耗。

（1）在硬件之上构建一个虚拟化平台，通过时分复用、逻辑绑定等多种调度形式，优化整合资源，实现物理资源和资源池的动态共享及调整，将 IT 资源分配给最需要它们的任务，从而实现对硬件资源的高效复用，减少闲置服务器空转造成的能源浪费。另外，虚拟化技术结合节能型 IT 设备，如支持休眠和降频功能的 CPU、支持休眠功能的硬盘等，进一步降低数据中心的能耗。

（2）芯片级制冷。数据中心已经从传统的机房级制冷向机柜级制冷发展，而未来将会走向芯片级制冷，也就是将冷媒直接送到最需要制冷的芯片，从而实现更精确的制冷。

（3）直流供电。UPS 需要把交流电变成直流电后，重新变回交流电供服务器等 IT 设备使用，这两个转化过程都有能量损耗，如果采用直流供电，就可以降低能量损耗。

10.2.1 主机设备选型

（1）主机设备宜选择低功耗的多核 CPU 处理器，具备关闭空闲处理器的功能；宜采用集成低功耗芯片与内存的主板；宜选择小盘面硬盘、固态硬盘或基于闪存的磁盘。

（2）主机设备应具有电源智能管理功能及支持休眠技术，可根据散热需求动态调整风扇转速；应能根据系统调用要求及负载状态，动态调整整个计算系统各组件（CPU、硬盘、外设等）的工作及休眠状态，支持任务队列的同步智能调度。设备整体休眠节能效果最低应达到 20%。

（3）应结合电力节能措施改造，推进高压直流服务器的应用。

（4）宜选择刀片服务器替代传统的机架式服务器。

10.2.2 存储设备选型

（1）应选用支持休眠技术的设备。

（2）应选用性能稳定、具有良好扩展性的设备。

（3）设备应支持分级存储、存储虚拟化和 MAID 技术，合理调配存储资源。

（4）设备应支持虚拟快照、数据压缩、重复数据删除和自动精简配置等节能技术和功能，支持备份与重复数据删除同时执行的在线处理，以及备份完成后执行重复数据删除的后处理。

（5）设备应支持资产管理功能与存储管理功能。

10.2.3 网络通信设备选型

（1）网络通信设备在选型时应进行产品绿色评估，产品绿色评估的重点宜放在产品设计、使用和维护几个环节。

（2）产品选型宜进行相关能效测试，测试内容应包括设备是否能关闭无关功能或去掉可插拔模块，设备是否支持统一的业务配置、统一的工作或转发/处理模式，设备工作在不同转发流量下的能耗指标等。

10.3 设备物理性能

10.3.1 系统硬件关键要求

（1）主机设备是系统最关键的组成部分之一，应 7×24 小时连续运行。

（2）要求采用主流服务器平台的主流机型，支持多处理器，具有很高的安全性、可用性、可扩展性和可靠性。

（3）主机设备要求无单点故障（电源、网卡、主引导盘）。

（4）支持电源、I/O 设备、存储设备的热插拔。

（5）主机设备应具有适当的扩充能力，包括 CPU 的扩充、内存容量的扩充及 I/O 能力的扩充等，并且支持 CPU 模块的升级和集群内节点数的平滑扩充。

（6）为了将来业务的发展，在保证硬件体系结构不变的情况下，硬件设备必须具有一定的扩展空间，保证原有设备投资不受损失。

10.3.2 主机设备技术指标要求

1. CPU 技术指标

数据库服务器的 CPU 必须是 64 位处理器，具备 ECC 保护的二级缓存。

2. 内存要求

内存模块应具有 ECC 校验，指明内存类型、大小（满配置和单内存模块）和结构。

3. 可靠性要求

主机系统的关键部件必须采用冗余配置，某一单点部件出现问题时，不会导致整个主机系统瘫痪；主机设备应提供平滑升级和扩容解决方案，当主机设备在扩容和升级过程中发生不可预见的故障时，应能保证主机设备在 24 小时内恢复到正常运行状态。

4. 热插拔要求

为了保证服务器持续稳定地运行，要求系统支持热插拔技术，能在系统不停机的情况下更换故障部件（如接口卡、硬盘、电源等）。

5. 扩展性要求

磁盘阵列可以通过增加磁盘数量或磁盘升级，灵活方便地增加磁盘存储容量。

10.3.3 存储要求

（1）系统应有良好的备份和恢复策略。

（2）系统数据和业务数据可联机备份、联机恢复，恢复的数据必须保持其完整性和一致性。

具体存储要求见表 10-1。

表 10-1 存储要求

项　目	指　标　参　数
云硬盘	支持分布式存储架构提供不少于 3 个副本的数据存储，保障数据安全性，存储节点支持 x86/ARM 架构，支持存储集群容量线性扩展
	高性能云硬盘 IOPS 不小于 5000，普通云硬盘 IOPS 不小于 2000
	支持云硬盘批量创建功能，批量创建数量不小于 10
	支持云硬盘任意时刻的磁盘快照功能，支持全量快照和增量快照，并可基于快照回滚
	支持云硬盘存储容量动态扩展，单数据盘最大容量不小于 32TB
对象存储	支持对象存储的整体概览，整体展示存储桶数量、对象数量、本月日均存储量、本月总访问流量、本月总读请求数、本月总写请求数
	支持存储桶创建、删除、查询等功能
	存储桶创建过程中支持设置访问权限等
	至少提供低频存储和标准存储两种存储类型，满足不同业务需求
	开通对象存储后，域名访问通过 HTTPS 进行传输加密，支持域名自定义功能
	支持存储桶访问权限的变更，支持防盗链功能配置
	支持存储桶生命周期管理
	支持在存储桶内创建目录，支持多级目录设置，支持文件上传、删除、下载，支持文件追加上传
	支持跨域共享功能，允许在一个域名中加载的客户端 Web 应用程序与另一个域中的资源进行交互
	支持单独配置文件权限为公共读写、公共读、私有等
	支持为指定的目录/文件设置访问的 HTTP 头
	支持文件上传任务监控功能，支持失败重传
	提供数据统计功能，支持按照存储类型、存储桶、时间段进行数据统计
	支持图片处理功能，支持 JPG、PNG 等多种图片格式的文件格式转换、剪裁、水印、缩放等多种操作
文件存储	提供文件存储整体概览功能，整体监控总存储容量、文件系统数量、吞吐量趋势、IOPS 趋势等
	支持文件系统的创建、删除、容量变更管理，单文件系统最大存储容量小于 10240GB
	支持跨协议共享，同一个文件系统实例支持多种协议
	支持文件系统创建挂载点，挂载支持 NFS、SMB 等协议类型，自动生成挂载命令

10.4 设备安装

IT 设备安装必须满足如下要求。

（1）单机架的用电量不得高于机架用电量上限。

（2）设备安装应满足机房整体布局及冷热分区的要求。机架用电量应与机房相应区域的制冷量相适应，设备的进排风方向应与机房气流组织的要求一致。

（3）部署设备时应使各机架的用电量尽量均匀，当各机架用电量差别很大且难以调整时，应与机房制冷能力及制冷量的分布相结合，统一考虑不同功耗的机架位置。

（4）同一机架内应尽量部署物理尺寸、用电量及进排风能力接近的设备。

（5）机架应按设计能力饱满使用，若机架无法一次装满，宜从距送风口较近的空间开始安装设备。

（6）上架的设备之间应留有适当空间。未安装设备的架内空间应安装挡风板，挡风板应能够防止冷热风短路。

（7）机架内的线缆应按需布放、捆扎合理，防止阻碍气流畅通。

（8）同一机架内，功耗较大的设备宜安装于距送风口较近的位置。

10.5 网络要求

（1）数据中心各机房楼均应保证提供双路由光缆接入条件，同时应设置两个相互独立的核心网络与传输机房，用于园区内的网络连接。

（2）数据中心各机房楼间的双路由光缆应按不同路由、不同方向进入机房楼。

（3）数据中心网络系统应根据用户需求和技术发展状况进行规划和设计。

（4）数据中心网络应包括互联网络、前端网络、后端网络和运管网络。前端网络可采用三层、二层和一层架构。

（5）金融行业绿色数据中心的核心网络设备应采用容错系统，并应具有可扩展性，相互备用的核心网络设备宜布置在不同的物理隔间内。

（6）数据中心网络应具备突发流量吸收能力。数据中心网络必须选用专门的数据中心级交换机。

① 完全无阻塞交换网：数据中心级交换机采用 CLOS 交换网，是一种完全无阻塞交换架构，从而保证在任何流量特征的环境下，交换网都可以实现无阻塞交换。

② 分布式大缓存：云计算环境下，机机交互的频率大大增加，从而使得瞬间多端口向单一端口转发流量的概率也大大增加，流量的突发性非常严重。传统的城域网交换机一般仅在出端口方向配置很小的缓存，通常每板只有 32~64MB，缓存时间只有 10~20ms。遇到多端口向单一端口转发流量时，一个端口本来就很小的缓存还要应对多端口的流量冲击，会迅速发生缓存拥塞丢包。而丢包后，将会引起应用层的重传，从而进一步导致更严重的网络拥塞。数据中心级交换机采用入端口分布式大缓存的革新架构，其平均每个 10G 端口的缓存可达 256MB，GE 端口的缓存达 20MB，从而保证在任何流量模型下，端口缓存时间最大均可达到 200ms 以上，为云计算的应用提供了一个扎实的网络基础。

（7）数据中心应支持 IPv4/IPv6 能力。

随着越来越多的终端设备接入网络，网络 IPv4 地址将消耗殆尽，从 IPv4 向 IPv6 的全面演进已迫在眉睫。作为新一代数据中心网络，支持 IPv4/IPv6 的双栈接入也是必然的要求，并且要求对 IPv4/IPv6 均能提供线速的转发能力，高性能、灵活地实现两个网络互访。

10.6 安全要求

安全管理是 IT 设备与网络建设中不可或缺的一部分，是系统安全建设中关键的一个环节。系统所存储的数据和提供的各类分析应用涉及各类敏感信息，必须采用全面的安全管理机制和措施来保障系统和数据的安全。

10.6.1 物理安全

1. 物理访问控制

（1）机房出入口应安排专人值守，控制、鉴别和记录进入的人员。

（2）进入机房的来访人员应经过申请和审批流程，并限制和监控其活动范围。

2. 防盗窃和防破坏

（1）应将主要设备放置在机房内。

（2）应将设备或主要部件进行固定，并设置明显的不易除去的标记。

（3）应将通信线缆敷设在隐蔽处，可敷设在地下或管道中。

（4）应对介质分类标识，存储在介质库或档案室中。

（5）主机房应安装必要的防盗报警设施。

3. 防雷击

（1）机房建筑应设置避雷装置。

（2）机房应设置交流电源地线。

4. 防火

机房应设置灭火设备和火灾自动报警系统。

5. 防水和防潮

（1）水管不得穿过机房屋顶和活动地板下。

（2）应采取措施防止雨水通过机房窗户、屋顶和墙壁渗透。

（3）应采取措施防止机房内水蒸气结露和地下积水转移与渗透。

6. 防静电

关键设备应采取必要的接地防静电措施。

7. 温湿度控制

机房应设置温湿度自动调节设施，使机房温湿度的变化在设备运行所允许的范围之内。

8. 电力供应

（1）应在机房供电线路上配置稳压器和过电压防护设备。

（2）应提供短期的备用电力供应，至少满足关键设备在断电情况下的正常运行要求。

9. 电磁防护

电源线和通信线缆应隔离铺设，避免互相干扰。

10.6.2 数据安全

1. 数据产生

（1）应具有数据敏感度的界定标准。

（2）数据产生时，应根据数据的敏感度进行分类。

2. 数据存储

（1）应采用加密技术或其他保护措施实现数据的存储保密性。

（2）应提供有效的硬盘保护方法，保证即使硬盘被窃取，非法用户也无法从硬盘中获取有效的用户数据。

3. 数据使用

应对数据的使用进行授权和验证。

4. 数据迁移

（1）应进行数据迁移前的网络连接能力评估，保证数据迁移的安全实施。

（2）应保证数据迁移不影响业务应用的连续性。

（3）数据迁移中应做好数据备份及恢复相关工作。

5. 数据销毁

（1）应提供手段协助清除因数据在不同平台间迁移、业务终止、自然灾害、合同终止等遗留的数据。

（2）应提供手段清除数据的所有副本。

6. 数据备份和恢复

应提供数据本地备份与恢复功能，完全备份至少每周一次，增量备份至少每天一次。

10.6.3 网络安全

1. 结构安全

（1）应保证关键网络设备的业务处理能力具备冗余空间，满足业务高峰期需求。

（2）应保证接入网络和核心网络的带宽满足业务高峰期需求。

（3）应绘制与当前运行情况相符的网络拓扑结构图。

（4）应根据各部门的工作职能、重要性和所涉及信息的重要程度等因素，划分不同的子网或网段，并按照方便管理和控制的原则为各子网、网段分配地址段。

2．访问控制

（1）应在网络边界部署访问控制设备，启用访问控制功能。

（2）应根据会话状态信息为数据流提供明确的允许/拒绝访问的能力，控制粒度为网段级。

（3）应按用户和系统之间的允许访问规则，决定允许或拒绝用户对受控系统进行资源访问，控制粒度为单个用户。

（4）应限制具有拨号访问权限的用户数量。

3．安全审计

（1）应对网络系统中的网络设备运行状况、网络流量、用户行为等进行日志记录。

（2）审计记录应包括事件的日期和时间、用户、事件类型、事件是否成功及其他与审计相关的信息。

（3）应保证所有网络设备的系统时间自动保持一致。

（4）应对审计记录进行保护，避免有效期内受到非授权的访问、篡改、覆盖或删除等。

4．边界完整性检查

应能够对内部网络中出现的内部用户未经准许私自连接外部网络的行为进行检查。

5. 入侵防范

应在网络边界处监视以下攻击行为：端口扫描、强力攻击、木马后门攻击、拒绝服务攻击、缓冲区溢出攻击、IP 碎片攻击和网络蠕虫攻击等。

6. 网络设备防护

（1）应对登录网络设备的用户进行身份鉴别。

（2）应对网络设备的管理员登录地址进行限制。

（3）网络设备用户的标识应唯一。

（4）身份鉴别信息应具有不易被冒用的特点，口令应有复杂度要求并定期更换。

（5）应具有登录失败处理功能，可采取结束会话、限制非法登录次数和网络登录连接超时自动退出等措施。

10.6.4 主机安全

（1）开启日志服务，把日志上传到不少于 1 台专用的日志服务器，日志保留时间不少于 180 天。

（2）禁止空密码账户。口令至少应有 8 个字符，必须包含以下 4 类字符中的 3 类字符：大写字母、小写字母、数字、特殊符号，且不能包含账户名。

（3）使用错误口令进行用户登录失败 10 次以上时，自动对账户进行锁定，并在 300s 后自动解锁。

（4）安装、启用杀毒软件。

（5）启动防火墙，做好访问控制，数据库端口只有应用服务器、备份服务器及不多于 3 台的维护服务器可以访问，操作系统远程访问端口只有堡垒机及不多于 3 台的维护服务器可以访问。出于维护需要，须临时关闭访问控制策略的，应向网络安全管理员备案，并在维护结束后重新启动访问控制。

10.6.5 应用安全

1．身份鉴别

（1）应提供专用的登录控制模块对登录用户进行身份标识和鉴别。

（2）应提供用户身份标识唯一和鉴别信息复杂度检查功能，保证应用系统中不存在重复用 户身份标识，身份鉴别信息不易被冒用。

（3）应提供登录失败处理功能，可采取结束会话、限制非法登录次数和自动退出等措施。

（4）应启用身份鉴别、用户身份标识唯一性检查、用户身份鉴别信息复杂度检查以及登录失败处理功能，并根据安全策略配置相关参数。

2．访问控制

（1）应提供访问控制功能，依据安全策略控制用户对文件、数据库表等客体的访问。

（2）访问控制的覆盖范围应包括与资源访问相关的主体、客体及它们之间的操作。

（3）应由授权主体配置访问控制策略，并严格限制默认帐户的访问权限。

（4）应授予不同账户为完成各自承担的任务所需的最小权限，并在它们之间形成相互制约的关系。

3．安全审计

（1）应提供覆盖每个用户的安全审计功能，对应用系统重要安全事件进行审计。

（2）应保证无法删除、修改或覆盖审计记录。

（3）审计记录的内容至少应包括事件日期、时间、发起者信息、类型、描述和结果等。

4．通信完整性

应采用校验码技术保证通信过程中数据的完整性。

5．通信保密性

（1）在通信双方建立连接之前，应用系统应利用密码技术进行会话初始化验证。

（2）应对通信过程中的敏感信息字段进行加密。

6．软件容错

（1）应提供数据有效性检验功能，保证通过人机接口或通信接口输入的数据格式或长度符合系统设定要求。

（2）发生故障时，应用系统应能够继续提供一部分功能，确保能够实施必要的措施。

7．资源控制

（1）如果应用系统通信双方中的一方在一段时间内未做任何响应，另一方应能够自动结束会话。

（2）应能够对应用系统的最大并发会话连接数进行限制。

（3）应能够对单个账户的多重并发会话进行限制。

10.6.6 云平台虚拟安全防护

虚拟安全防护体系由控制中心、信誉体系、沙箱检测系统、大数据关联分析系统、安全资源池防护系统五大部件组成，实现云数据中心用户和应用的安全按需部署、按需调用、按需删除，适时处置和善后处置安全事件。安全资源池是云数据中心安全技术架构的核心，通过安全资源池建设提供安全纵深防御、大数据保护、高级持续威胁（APT）防护和安全主动防御四大安全保护方案，对云数据中心的基础网络、平台、数据、应用及运维管理提供全方位安全保障，最终实现防攻击、防越权、防泄密、防灾难、防抵赖的五防目标。

控制中心：相当于人的大脑，主要下发策略指令，管理员可按照网络与业务的实际需要，在控制中心提出相应的策略需求。随后，这个大脑将策略需求，结合已知的网络拓扑、地址、设备类型等现网信息，转换成相关设备所能识别的设备配置并进行统一下发。而组成安全资源池的各类安全设备实体就相当于人的手和脚，接收来自大脑的指令，执行相应的安全处理。同时，控制中心能够接收沙箱检测系统与大数据关联分析系统的结果，及时调整安全策略。

信誉体系：提供一系列基于 IP 地址、文件和 Web URL 的信誉库，支撑安全资源池防护系统的实时查询，帮助辨别相关信息是否可被信任，信誉库可以通过沙箱检测系统与大数据关联分析系统的结果进行积累。

沙箱检测系统：负责对可疑流量和内容进行模拟执行测试，以达到确认是否存在风险的目的，沙箱检测的主要内容包括 Office 文件、PDF 文件、可执行文件、Web 文件、Android APK 文件等。

大数据关联分析系统：从主机、服务器、交换机、路由器及安全设备收集日志与事件等信息，通过大数据关联分析，发现潜在的安全威胁和风险，达到全网安全协防的目的。

安全资源池防护系统：指防火墙、IPS、防病毒等软硬件安全设施，包含集中统一部署的各类硬件安全设备，以及在虚拟机上安装的软件安全功能组件（如虚拟防火墙等），是对攻击、威胁和风险进行防护处理的执行主体。为了能更好地结合传统网络，安全资源池兼容已经部署的独立安全设备，最大限度地保护数据中心的投资。

10.7 实时监测

金融行业绿色数据中心应建立绿色节能全过程监测机制和技术体系。在设计阶段，数据中心应制定完善的节能降耗方案，加强对数据中心在使用IT设备、制冷和散热系统、供配电系统及清洁能源利用系统等方面的管理，确保运行阶段长期处于节能状态。在施工阶段，鼓励数据中心使用绿色电力和满足绿色设计产品评价等要求的绿色产品，最大限度节约能源和资源。在运维阶段，依据国家绿色数据中心试点评价指标体系等的要求，对数据中心的能效情况进行动态评估，对接数据中心企业的能源管理系统，实现对能耗的实时管控。

数据中心应设置在线实时监测系统，其设计、施工和验收应与数据中心建设工程同步进行。

数据中心能耗管理系统应采用先进的自动能耗在线实时监测系统，对各类能源（包括水、电、气及绿色能源等）的使用进行监测和管理，宜具有使用AI算法对能源进行持续优化的能力。

能耗在线实时监测系统应具备对外开放接口，监测内容应包括但不限于总能耗、总耗水、IT总耗电、可再生能源使用量、碳排放量、蓄电量、蓄冷量等。

可利用数据中心提供的IT设备性能监控接口，监测运行中的IT设备实际负载和单机柜实际负载。

金融行业数据中心应探索采用智能化的新工艺、新设备，如具备电源管理及能耗监测等功能的智能化PDU、机柜空间资源管理（U位管理）设施和系统、分布式机柜进出风温度及气流监测设施等，提高机柜及电源、空调系统的资源利用率，优化能源利用效率。

金融行业数据中心电源列柜（头柜）应设置分路电能智能监测计量仪表，以对每个设备机柜的电能质量、负荷及能耗进行监测和管理。当列柜采用独立双路配电时，监测计量仪表应能自动将每个机柜的两路供电负荷及能耗进行合计显示和统计，也能根据需要分别显示和统计。

第 11 章

金融安全自主可控

11.1 基本要求

（1）建设、运营网络或通过网络提供服务，应依照《网络安全法》《数据安全法》《个人信息保护法》《信息安全技术 网络安全等级保护基本要求》（GB/T 22239）等法律规定和国家标准的强制性要求，采取技术措施和其他必要措施，保障网络安全、稳定运行，有效应对网络安全事件，防范网络违法犯罪活动，维护网络数据的完整性、保密性和可用性。

（2）安全保护措施应与数据中心关键信息基础设施同步规划、同步建设、同步使用。

（3）根据《鼓励软件产业和集成电路产业发展的若干政策》中的规定，数据中心建设应优先由国内企业承担，在同等性能价格比条件下优先考虑采用自主可控系统，使用非自主可控系统的要有国内替代方案和国内备选厂家。

（4）关键信息基础设施运营者采购网络产品和服务的，应当预判该产品和服务投入使用后可能带来的国家安全风险。影响或可能影响国家安全的，应当向网络安全审查办公室申报网络安全审查。

（5）关键信息基础设施安全保护工作部门可以制定本行业、本领域预判指南。

11.2 安全风险因素

网络安全审查重点评估相关对象或情形的以下国家安全风险因素。

（1）产品和服务使用后带来的关键信息基础设施被非法控制、遭受干扰或破坏的风险。

（2）产品和服务供应中断对关键信息基础设施业务连续性的危害。

（3）产品和服务的安全性、开放性、透明性、来源的多样性，供应渠道的可靠性，以及因为政治、外交、贸易等因素导致供应中断的风险。

（4）产品和服务提供者遵守中国法律、行政法规、部门规章情况。

（5）核心数据、重要数据或大量个人信息被窃取、泄露、毁损，以及非法利用、非法出境的风险。

（6）上市存在关键信息基础设施、核心数据、重要数据或大量个人信息被外国政府影响、控制、恶意利用的风险，以及网络信息安全风险。

（7）其他可能危害关键信息基础设施安全、网络安全和数据安全的因素。

11.3 物理安全

数据中心对安全的要求极高，因此数据中心安全防范系统的设计至关重要，需要从物理环境和人为因素等方面综合考虑。数据中心安全防范系统一般由视频安防监控系统、出入口控制系统、入侵报警系统、电子巡更系统、安全防范综合管理系统等组成。

大型数据中心应进行安防设计和隐蔽设计。洞库式数据中心在安防及隐蔽设计方面有其得天独厚的优势，而且有利于人防同步设置。

1. 接口安全

（1）禁止隐藏接口和未公开接口（后门），防止接口绕过正常认证。

（2）禁止存在绕过正常认证机制直接进入系统的隐秘通道，如组合键、鼠标特殊敲击、连接特定接口、使用特定客户端、使用特殊 URL 等。

（3）对于人机接口及可远程访问的机机接口，不得存在用户无法修改的口令（含程序中的硬编码口令）。

（4）所有账户都必须被用户可见，禁止存在用户未知的账户，并在产品资料中提供所有账户及管理操作说明。

（5）现网维护期间不会使用的命令、参数、端口等产品开发用的接入方式必须删除。

（6）所有能对系统进行管理的人机接口及跨信任网络的机机接口都应具备接入认证机制（标准协议定义中无认证机制的除外），相关接入认证机制应默认启用。

2. 认证和账户安全

（1）账户不易被猜测，账户权限配置合理。

（2）系统中的账户具有唯一性。

（3）在新建和修改账户时，系统须提供检查命名规则的功能，包括长度、名称等。

（4）在 UNIX 和 Linux 系统中，出厂产品禁止含有 UID 为 0 的非 Root 账户。

（5）系统提供账户锁定策略可配置的功能，包括手动锁定、手动解锁、账户有效期、自动锁定时长等。

（6）应用系统人机账户、机机账户分离，用于程序间通信的机机账户不能作为系统维护的人机账户。

（7）系统中的用户不能通过改写配置或其他非正常授权方式来增加自己的权限。

（8）新建账户默认不授予任何权限，或者默认只指派最小权限的角色。

（9）系统中各账户的权限应满足"权限最小化"原则。

（10）上传和下载时，限制用户向上跨目录访问，只能访问指定目录下的文件。

（11）对用户的最终认证处理、鉴权处理过程必须在服务器端进行，并遵从先鉴权后执行的原则。

（12）认证失败后，登录界面及认证服务端返回信息均不能提供详细的、可用于判断具体错误原因的提示。

（13）系统对于不需要认证的用户或通过认证前返回的提示信息应尽可能少，不能包含操作系统、应用软件的名称、版本等信息。

3. 口令安全

（1）口令不容易被猜测，口令存储和管理要有安全防护措施。

（2）口令长度至少为6个字符，口令至少包含两种字符（数字、字母、符号等）。

（3）系统提供维护弱口令字典的功能，并禁止使用弱口令字典中的任何口令。

（4）在用户修改自己的口令前，系统须提供验证旧口令及对新口令再次确认的功能。

（5）系统禁止明文显示口令等认证凭据，包括日志明文、输入界面明文等。

（6）系统禁止口令输入框拷出的功能。

（7）系统提供口令安全策略可配置的功能。

（8）当重复输入错误口令次数超过阈值时，采取合适的保护措施，如锁定账户、锁定 IP、登录延迟等。

（9）对于重要的管理事务或重要的交易事务要进行重新认证。

（10）系统 Web 登录认证支持多因素认证（如邮件、短信、动态口令、智能卡等）。

4．Web 会话安全

（1）会话标识不易被破解。

（2）会话标识必须使用安全随机数算法生成，且有效长度不少于 24 个字符。

（3）用户名和口令认证通过后，必须更换会话标识。

（4）会话标识应进行安全传输。

（5）在 B/S 应用中，必须使用 Cookie 维持会话。

（6）必须使用会话 Token 对敏感或关键的操作进行校验，会话 Token 必须使用安全随机数算法生成，有效长度不少于 24 个字符（或 192bit），且需要设置有效期。

（7）禁止在 URL、错误信息或日志中暴露会话标识。

（8）所有登录后才能访问的界面都必须提供主动退出选项，当用户退出时，服务器端必须清除该用户的会话信息。

（9）必须设置会话超时机制，超时后必须清除相应的会话信息。

5．协议安全

（1）尽量限制不安全协议的使用，不安全协议应默认关闭。

（2）不安全协议有 FTP、Telnet、SSH v1.x、SNMP v1/v2、SSL 2.0、SSL 3.0、TLS 1.0、TLS 1.1 等。

（3）应使用合适的安全协议（如 SSH v2、TLS 1.2、TLS 1.3、IPSec、SFTP、

SNMP v3 等）。

6．日志审计

（1）支持用户对系统相关活动进行日志审计。

（2）日志记录应涵盖系统中所有的用户活动、控制操作和参数配置。

（3）日志应包含时间、用户、事件、对象、结果等信息。

（4）日志文件要有相关的访问控制机制（如账户和口令等），不能指定删除某条或某批日志。

7．密钥安全

（1）保护密钥安全，确保密钥管理规范。

（2）支持自动产生/派生密钥或导入密钥。

（3）密钥的用途应单一化，即一个密钥只用于一种用途。

（4）密钥等敏感数据在本地存储时应提供机密性保护。

（5）密钥的生成、使用、更新、销毁等操作应记录详细的日志。

（6）应采用分层的密钥体系结构，至少应有三层，如根密钥+主密钥+工作密钥。

（7）密钥信息在网络中传输时须提供机密性、完整性保护。

（8）密钥更新过程中，支持多版本（如新旧版本）密钥共存设计。

8．证书安全

（1）保护证书安全，证书使用、管理满足安全要求。

（2）系统使用的外部证书应来自维护中的 PKI 系统，不能使用随意生成的证书。

（3）应使用安全随机数生成密钥对，且必须使用至少 2048 位，推荐使用 3072 位的 RSA 密钥对。

（4）系统应支持证书替换功能。

（5）验证对端证书时，必须验证证书签名有效性，证书是否过期，以及证书是否被吊销。任何一个条件不满足都视为证书无效。

（6）使用功能接口、脚本或工具方式导入证书时，应对证书的内容、长度、算法等进行校验。

（7）系统应具备验证对端证书是否被吊销的能力。

（8）证书的私钥要使用基于口令的加密机制保存。

（9）限制系统提供将证书私钥导出的功能或接口，确实需要导出的，必须以密文形式导出。

（10）证书应设置合理的有效期，系统必须支持周期性检查证书是否过期或即将过期。

（11）系统应支持检测证书过期并告警或提示运维人员更新证书。

9. 设计原则

（1）系统的防护级别与被防护对象的风险等级相适应。

（2）技防、物防、人防相结合，探测、延迟、反应相协调。

（3）满足防护的纵深性、均衡性、抗易损性要求。

（4）满足系统的安全性、可靠性、可维护性要求。

（5）满足系统的先进性、兼容性、可扩展性、经济性、适用性要求。

10. 安防设计

洞库式数据中心的高安全需求主要从以下三个方面来保证。

（1）使用隧道结构体系，将数据中心置于自然山体之中，利用山体深埋形成一道天然屏障。

（2）采用高人防等级防护结合电磁脉冲屏蔽，防护各洞口薄弱处，使防护系统形成一个闭环。

（3）利用园区独立围栏、环山道路保护隔离网、隧道洞口安保及防爆门构建数据中心外部系统的三层防护网。

设计时可设置三级安防区域，从低到高分别是园区入口、人员工作区、数据中心洞（主机房、辅助区、支持区），可根据实际项目需求进行调整。

11. 隐蔽设计

（1）消隐的入口。

设计时不应选择恢弘、醒目的入口，应采用朴实、低调的风格，可利用小型广场和景观绿植等，对人、车进行精细化划分和引导，并贯彻安全防控要求。

（2）消隐的立面。

洞库式数据中心的主机房等建于山体内，90%以上均为自然山体，其外立面所占比例很小，入口立面的消隐处理手法能使数据中心的核心建筑更有效地融入外部自然环境。建筑平面宜采用规整形态，立面无特异造型，水平方向构图尽量简洁。立面宜采用与石材、木材肌理、颜色相近或相协调的材料，以利于入口融入场地，隐于自然环境中。

（3）消隐的建筑。

除设置于洞库内的数据中心主机房等建筑外，其余地上建筑可通过多个小体量建筑群、建筑轮廓与地形地貌相近的设计构思进行单体布局，少采用有凹凸、过多设计元素的表现手法，依据地形顺势布局，多保留场地内现有良好植被，使建筑消隐于自然环境之中。

11.4 敏感数据保护

（1）系统关键数据、敏感数据要加密、分层、分类存储并进行访问控制，确保不被窃取。

（2）加密算法要采用业界认可的安全算法。禁止使用私有密码算法实现加解密。禁止使用业界已知不安全的加密算法。

（3）认证凭据（如口令、私钥等）不允许以明文形式存储在系统中，应该加密保护。

（4）在进行系统设计时，应识别出产品关键数据和敏感数据，在存储、传输时应进行加密、权限控制等保护。

（5）包含敏感信息的文件（包括程序运行时产生的静态文件和临时文件）必须进行权限控制，只能被具有相应权限的用户访问。

（6）通过认证前的提示信息应尽可能少，不能包含操作系统、应用软件的名称、版本等信息。

11.5 系统安全管理

（1）初始数据库口令不得使用数据库厂商的默认口令，且设置的口令应符合口令复杂度要求。

（2）应确保系统服务做到默认安全，涉及默认安全的安全参数应进行合理配置。

（3）系统中不应存在开发/编译/调试/网络嗅探类工具或冗余安装文件。

（4）资料对安全特性的描述要全面、正确，无遗漏、错误和不当描述。

（5）数据库若存在多个默认账户，必须将不使用的账户禁用或删除。

（6）运行程序的账户（OS 账户）不能拥有远程登录的权限。应尽可能使用操作系统低权限账户。

（7）UNIX 和 Linux 操作系统中禁止存在缺乏权限控制的无属主文件。

（8）属于低权限用户的脚本或程序不能以高权限账户运行，以高权限运行的脚本或程序只允许其属主拥有写权限。

（9）对于每一个需要授权访问的请求都必须核实用户是否被授权执行这个操作。

（10）应对所有来自不可信数据源的数据进行校验，拒绝任何没有通过校验的数据。

（11）所有远程访问均不可直接使用Root账户。

11.6 软件完整性保护

（1）产品软件包（包含补丁包）应具备完整性保护机制（建议采用数字签名，最低要求哈希值验证），在安装、升级过程中能自动进行完整性验证。在产品资料中应说明需要安装的软件，以及如何验证软件的合法性。

（2）在软件正式发布前，至少要用两款业界主流防病毒软件（如Symantec、OfficeScan、McAfee、Avira Antivirus、卡巴斯基等）对其进行扫描，以保证软件未感染病毒或未嵌入木马。如果防病毒软件产生告警，必须采取措施消除告警。

11.7 禁止端口滥用

（1）系统开放的所有侦听端口（不含本地侦听端口127.0.0.1）都必须在通信矩阵中有记录，可使用Nmap等软件进行端口扫描，以辅助确认端口实际开启/关闭的情况与通信矩阵中的描述相符。

（2）应保证通信矩阵中描述的所有端口都是系统运行和维护所必需的，且描述正确。

11.8 隐私保护

（1）正常业务采集、处理、存储个人数据，必须根据实际安全风险提供必要的安全保护机制（如认证、权限控制、日志记录等），以防止个人数据被泄露、丢失、破坏。

（2）必须在产品资料中对产品涉及用户隐私的功能进行描述，如该功能处理用户个人数据的目的、范围、方式、时限等。

（3）个人数据的采集范围、使用目的不得超出声明的范围，且应遵循最小化原则。当个人数据的采集范围、使用目的发生变更时，应及时更新声明。

（4）将个人数据提供给第三方前，必须获得数据主体的同意。

（5）对于所涉及的个人数据，应支持在呈现界面上（如显示界面、文件存储/导出等）进行过滤、匿名化或假名化。

11.9 漏洞扫描与测试

1. 主机系统与数据库漏洞扫描

确保主机系统和数据库不存在已知漏洞。应使用业界主流漏洞扫描工具 Nessus 对产品进行漏洞扫描，并解决扫描告警。

2. Web 漏洞扫描

应确保不存在业界已知的漏洞。应使用 AppScan 进行扫描，并对扫描结果进行分析，解决相关告警。

3. 代码静态扫描

应使用代码静态扫描工具 Coverity 进行扫描,并解决扫描告警。

4. 模糊测试

系统对外接口及其通信协议应经业界主流模糊测试工具测试通过,如 Peach、Codenomicon 等工具,模糊测试用例应不少于 30 万个。

5. 入侵检测

为应对可能发生的网络安全攻击,系统应具备入侵检测能力,能对异常操作及非法数据流进行监控并上报告警,包括但不限于暴力破解、非法登录、用户权限提升、非法文件下载、账户异常操作、绕过历史口令等行为。

11.10 网络安全证书

产品应具备业界权威机构基于主流网络安全标准颁发的网络安全证书,如国际电工委员会(IEC)发布的 IEC 62443 标准,以及第三研究所发布的《智能联网产品网络信息安全技术规范》。

11.11 应用实例

下面以某洞库式数据中心为例进行介绍。

1. 安防等级划分

将数据中心园区划分为不同安防等级区,具体如下。

（1）一级安防等级区：园区入口及生活区。常规业务人员、安装和维修人员、员工家属可进入。整个园区用围栏与四周道路分隔开，并设防闯入和视频监控系统。在外围路口的围栏转角处设置防冲撞体，在出入口设置液压防冲撞装置。

（2）二级安防等级区：运维人员工作区。报备过的外来办事人员可进入。运维人员工作区安装单向门禁锁，配置视频监控系统，依据相关安防系统规范设计。建议进入运维人员工作区或中央监控中心的第一通道，要进行人员定位和身份鉴别。速通门刷卡通行，安保人员采用屏幕图像对比方式。

（3）三级安防等级区：洞内数据中心主机房、辅助区的总控中心。核心技术人员经高级领导特批后可进入。隧道洞口区域四周布置一体化球机及电子围栏，进行不间断的自动跟踪摄像，并设置防入侵装置。洞内所有功能室的机房门安装生物识别电子门禁、摄像监控设备、双鉴报警设备。所有出入口设防，门禁与红外报警系统联动，红外报警系统与摄像监控系统联动。洞内模块机房内按照设备机柜的排列方位安装摄像监控设备，设备间通道设防。

2．隐蔽设计

（1）项目周边及次要道路隐蔽设计。

项目入口两边通过种植较高大的乔木，弱化企业标志，同时缩小入口通道宽度，减小铺装面积，以达到水平方向的隐蔽遮挡，实现项目外部行人通过无感知。项目外围的绿化设计尽量选用竹类和冠幅较大的常绿植物，在营造曲径通幽的景观的同时，对项目周边的岗亭及其他构筑物进行垂直方向的隐蔽遮挡。

（2）隧道洞口隐蔽设计。

洞口车行道面层选用绿色沥青，在满足进入洞库的车行需求的同时，色调与周边的山体植被颜色接近，从空中俯瞰时道路与周边山体融为一体，达到垂直隐蔽目的。洞口设置为削竹式，相较于端墙式，增强了水平方向的隐蔽性。在洞口周围种植小型灌木和攀缘植物，在不影响洞内通风的情况下，对隧道洞口进行隐蔽遮挡。

（3）洞库顶部竖井隐蔽设计。

山顶排风竖井周围的景观处理，在不影响通风的情况下，可利用挂网+攀缘植物与周围的植物种植相结合，既能达到隐蔽设计的目的，又能满足恢复山顶植被和生态的要求。前期可利用仿真爬藤代替，待植物完全覆盖后取消仿真爬藤。同时，在竖井顶部通过覆土种植小型灌木，为了不影响竖井通风，在外围 3m 处种植冠幅较大的乔木进行隐蔽遮挡。

（4）地面建筑单体隐蔽设计。

对建筑形体进行退台设计，消解建筑体量，得到的露台以大面积灌木植被进行覆盖，兼顾景观需求与隐蔽需求。采用自然色系外墙石材，使建筑与场地融合。女儿墙顶部以更深色号的石材收口压顶，平屋面以深绿色防水卷材替换常规黑色材料，降低空中辨识度。增大玻璃面积，增加采光面和反射面。

第 12 章

安防与消防要求

12.1 基本要求

金融行业数据中心的基础设施是监控系统的主要监控对象，宜包括供配电系统、环境系统、安防系统，以及与数据中心运行相关的建筑设备系统。

金融行业数据中心应安装基础设施视频监控系统，通过前端点位的统一部署，形成周界、道路、楼栋、室内重要区域的立体监控体系。

视频监控系统的系统架构、系统功能和系统性能应与数据中心等级或类型要求相匹配。视频监控系统应具备较好的开放性，应采用成熟的国际或国家标准的协议和接口。视频监控系统应具有与第三方平台或第三方系统相互友好集成的能力。

对应不同可用性等级的数据中心的监控系统架构设计应具有相应可用性。A 级数据中心监控系统宜具有容错能力，B 级数据中心监控系统宜具有冗余能力，C 级数据中心监控系统可以不采用冗余设计。

金融行业数据中心应根据《建筑设计防火规范》的要求设置消火栓系统、自动灭火系统和建筑灭火器。

12.2 动力环境监控系统

金融行业数据中心应建设一套动力环境监控系统，系统总容量应满足整个数据中心动力环境监控的需求。

宜采用先进的系统设备及系统软件和开发工具，保证系统在技术上领先，成熟稳定，符合今后的发展趋势。

动力环境监控系统平均故障间隔时间应不小于 20000 小时，平均修复时间应不超过 0.5 小时。

动力环境监控系统应对数据库的存储和访问采取安全措施，防止数据被破坏、窃取等事故发生。

动力环境监控系统应采用实时多任务操作系统、多进程编程技术及事件优先处理技术。

动力环境监控系统应支持本地和远程访问。

动力环境监控系统应具有足够的灵活性，以适应不同规模的电源系统、空调群控系统、中央空调控制系统和不同数量的监控对象的扩充。

动力环境监控系统应采用标准的通信接口和统一的通信协议，应能与各种智能设备、各级网管计算机正常通信。

传感器宜采用具备智能通信接口的产品，非智能传感器应连接至 I/O 模块，由 I/O 模块或智能通信接口连接至监控信息采集设备，应采用总线方式。

12.3 视频监控系统

金融行业数据中心视频监控系统建设应符合《安全防范工程技术标准》（GB 50348）的规定。

金融行业数据中心视频监控系统由安防监控系统、视频分析监控系统、人数统计系统等组成。

金融行业数据中心视频监控组件宜支持视频监控主流厂家、ONVIF 协议添加编码设备并进行视频相关业务应用。

金融行业数据中心视频监控系统应具备较好的扩展性，支持在线扩容和升级，能提供可伸缩的分级、分布式部署方式，能根据数据中心扩容的需要进行灵活、快速部署。

视频监控系统应具备较高的安全性，系统应具有防入侵能力，自身发生故障时应不影响数据中心基础设施的正常运行。

视频监控系统应具有较高的可靠性，宜采用硬件备份、冗余等技术提高整个系统的可靠性。视频监控系统的局部故障应不影响整个视频监控系统的正常工作。对于分期建设的大型数据中心，视频监控系统设计与建设应遵循统一规划设计、分步实施的原则。

对于不同级别或不同规模的数据中心，视频监控系统应具备的基本功能如下。

（1）数据采集功能：可实现对各种被监控对象的数据采集，系统应能适配各种通信协议（Modbus、SNMP、OPC 等）及各种通信接口（RS232/422/485、RJ45 等），也应支持不同厂家的私有协议定制开发。

（2）数据传输功能：应支持轮询、主动上报两种数据传输方式，支持标准的南向、北向接口。

（3）数据处理功能：应具有对采集的监控数据进行加工、分析和处理的能力。

（4）数据存储功能：可支持多种数据存储压缩策略。

（5）系统组态功能：可支持多种组态方式，如设备、页面等组态。

（6）系统告警功能：可支持多种告警发送方式，如短信、电话等。

（7）系统日志功能：可支持系统的各种操作、修改的日志记录。

（8）权限管理功能：可支持多级权限设计，满足数据中心管理要求。

（9）系统应具有自诊断能力，对软硬件故障及通信中断等应能及时告警。

（10）系统宜具有自恢复及来电自启动功能。

对于不同级别或不同规模的数据中心，视频监控系统应具备的其他功能如下。

（1）A级数据中心视频监控系统除基本功能外，宜配备双机热备、设备控制、能耗分析、数据报表、电子化现场巡检功能，可具有趋势分析、三维仿真、温度场、大屏拼接与分屏显示等功能。

（2）B级数据中心视频监控系统除基本功能外，宜具备数据报表、电子化现场巡检功能，可具备双机热备、设备控制、能耗分析等功能。

（3）C级数据中心视频监控系统除基本功能外，可根据实际需要选择其他优化功能。

（4）大型数据中心由于规模大，涉及的监控对象多，管理复杂，除具备系统基本功能以外，宜按A级数据中心匹配功能。

（5）多点联网型数据中心存在地域限制，结合其管理需求及大数据量等特点，除具有系统基本功能外，宜具有页面巡检、电子化现场巡检、双机热备、设备控制等功能，以满足数据中心管理员对多点联网型数据中心的管理需要和视频监控系统自身运行安全要求。

（6）中小型数据中心（非联网型）的视频监控系统功能满足一般的设备监控需要即可；机房管理人员可根据工作需要，选择使用视频监控系统的其他功能。

视频监控系统的基本性能要求如下。

（1）视频监控系统应符合电磁兼容性和电气隔离性能设计要求，在数据中心环境下，应具有抗电磁干扰能力。

（2）视频监控系统应保证监控数据的实时性、精确性和告警准确性。

（3）视频监控系统应 7×24 小时不间断工作，平均无故障时间应大于 20000 小时。

（4）视频监控系统平均修复时间应小于 2 小时。

（5）响应时间：数据采集及设备控制响应时间应小于 5 秒，实时监控画面刷新时间应小于 5 秒，视频监控系统对所有监控测点轮询一次的总时间宜小于 15 秒。

（6）视频监控系统运行时 CPU 使用率应不超过 70%。

（7）系统容量：视频监控系统信息采集设备管理测点容量应不小于 1000 个。信息处理监控服务器管理测点容量应不小于 300000 个。监控视频数据存储应时间不少于 3 个月，其他历史数据存储时间应不少于 3 年。

视频监控系统应能自动检测监控对象和传感器本身硬件故障、设备间通信故障、系统运行软件故障并告警。视频监控系统应支持 C/S 或 B/S 方式，方便管理人员远程监测各前端机房现场情况，得到授权的可控制机房设备。

视频监控系统应支持开放式标准通信接口协议供第三方系统集成，宜支持但不限于 OPC、SNMP、ODBC、Socket、Syslog、JMS 通信协议。

12.4 消防要求

数据中心建筑的耐火等级不应低于二级。

主机房与其他部位之间应设置耐火极限不低于 2 小时的隔墙，隔墙上的门应采用甲级防火门。

主机房的顶棚、墙面和隔断应为不燃烧体。

数据中心应根据《建筑设计防火规范》的要求设置消火栓系统、自动灭火系统、建筑灭火器。

主机房根据机房的等级、用途及客户的需求可选择采用气体灭火系统、高压细水雾灭火系统、预作用自动喷水灭火系统。变配电、不间断电源系统和电池室如需采用自动灭火系统，宜选用气体灭火系统。柴油发电机房宜采用水喷雾灭火系统、预作用自动喷水灭火系统。制冷机房宜采用预作用自动喷水灭火系统。

数据中心机房楼消防电气系统应按一级保护对象设防。

数据中心消防报警子系统包含火灾自动报警系统、电气火灾监控系统、消防电源监控系统、防火门监控系统、空气采样早期烟雾探测系统。

具有消防联动功能的火灾自动报警系统的保护对象应设置消防控制室。消防控制室宜设置在一层，并有直接对外的安全出口。消防控制室内除设置各消防子系统的主机、联动控制盘、多线控制盘、应急广播消防电话主机等设备外，还需要设置图形显示装置。

数据中心建筑防火设计应符合现行国家标准《建筑设计防火规范》（GB 50016）和《建筑内部装修设计防火规范》（GB 50222）的有关规定。

数据中心建筑防烟排烟系统建设应符合现行国家标准《建筑设计防火规范》（GB 50016）和《建筑防烟排烟系统技术标准》（GB 51251）的有关规定。

第 13 章

节能要求

13.1 基本要求

（1）数据中心建筑应符合《公共建筑节能设计标准》（GB 50189）和《建筑节能工程施工质量验收规范》（GB 50411）等国家标准和规范的要求。

（2）宜采用先进绿色节能技术产品及工业和信息化部发布的近三年《国家绿色数据中心先进适用技术产品目录》中的相关技术产品建设数据中心。

（3）数据中心建设应顺应国家一体化大数据中心趋势，协调发展"前店后厂"模式，将冷、热数据分别存储，实现资源有效利用。

（4）数据中心应通过智能运维平台进行统一管理，做到故障提前预警、自动定位，实现集中监控。

（5）金融行业数据中心建设应符合《中国银监会办公厅关于加强非银行金融机构信息科技建设和管理的指导意见》（银监办发〔2016〕188号），规模较小的非银行金融机构可考虑采用租用、托管、共享数据中心的建设方式，整合绿色能源，树立开放思维，优势互补，共享成熟基础设施服务支撑能力，减少资源浪费，实现节能环保。

（6）金融行业数据中心如采用与其他机构（包括出资人）共用或托管至外包服务商，应根据《商业银行信息科技风险管理指引》（银监发〔2009〕19号），以及《中国银监会办公厅关于加强非银行金融机构信息科技建设和管理的指导意见》，在数据中心所在区域设立物理安全保护区域，明确相应的职责，采取必要的预防、检测和恢复控制措施；应确保重要信息科技设备与其他机构的有效隔离，明确物理安全区域，严格控制物理访问权限，并在制度与协议约定上体现落实。

13.2 建筑节能

1. 建筑布局节能

数据中心建筑应基于《公共建筑节能设计标准》（GB 50189）和《建筑节能工程施工质量验收规范》（GB 50411）等国家标准和规范的要求，根据数据中心的等级、规模和系统，合理设计场地空间、平面布局及建设工艺。

数据中心整体建筑可采用预制模块化设计，提高建筑施工过程节能可靠性。

数据中心整体布局宜采用机房密闭护围、大空间、少隔断、适宜的空间容积（架高、净高、层高）、人机区域分离、区域集中监控等节能设计理念与策略；主机房内各IT关键设备区域用房应集中布置，支持区和辅助区室内温湿度要求相近的房间宜相邻布置。

地上数据中心用房应满足以下要求。

（1）建筑外形尽可能规整，避免不必要的凹凸变化，控制合理的建筑单体体形系数。

（2）在可能的条件下，应尽量争取好的朝向，并合理控制建筑的开间和进深，充分利用自然采光和自然通风。

（3）可在建筑周围种植树木，起到遮阳降噪的作用。

（4）应合理控制建筑各向窗墙面积比，并通过外部遮阳措施减少室外对室内的辐射热。建筑的外窗还要满足遮阳系数的要求。

洞库式数据中心的主机房等建于山体内，其外立面所占比例很小，90%以上均为自然山体，可以忽略其对整栋建筑的能耗影响。

2. 建筑材料节能

数据中心应严格遵循《公共建筑节能设计标准》(GB 50189)等国家标准进行建筑设计，应根据数据中心所在气候区的外部环境，数据中心所在建筑的区域位置、内外部环境，以及数据中心各功能区域用房布局和内部环境，计算保温隔热所需热工参数，选择围护结构与材料，将数据中心的机房区域整体包裹起来，以达到较好的密闭保温节能效果。

数据中心主机房区域应采用无窗密闭护围，降低太阳辐射和内外环境温差。围护结构应采用复合墙体节能保温技术，墙体应采用岩棉、玻璃棉、聚苯乙烯塑料、聚氨酯泡沫塑料及聚乙烯塑料等传热系数小或热惰性指标值大的新型高效保温绝热材料。应对顶地墙六方体、热桥等进行绝热处理，以减小围护结构四周的传热系数。

数据中心支持区和辅助区采用有窗玻璃护围时，应控制建筑朝向和窗墙面积比，对透光窗体采取增加窗玻璃层数，窗上加贴透明聚酯膜，加装门窗密封条，使用低辐射玻璃、封装玻璃和绝热性能好的塑料窗等措施，改善门窗绝热性能。

地上数据中心用房应控制好外围护结构的传热系数等指标，加强门窗、外墙、屋顶和地面的隔热，采用高效隔热材料，使用中空玻璃窗，用空心砖、加气混凝土等新型墙体材料代替实心粘土砖；应提高建筑物的气密性，选用密封性能好的门窗并加密封条，用密封材料填实穿墙管线连接处的裂隙。

门窗要求：在机房的入口处应安装防火防盗门，使整个机房成为一个独立的防火区；为了保持机房的清洁和安全，宜采用全封闭无窗式机房，或者安装封闭式双层窗并加装窗帘，避免阳光直射；A级和B级数据中心的主机房不宜设置外窗；当主机房设有外窗时，应采用双层固定窗，并应有良好的气密性；不间断电源系统的电池室设有外窗时，应避免阳光直射；门的开启方向应向外，且应符合消防规范的要求，并加闭门器，以免发生意外时，门被内部的物体挡住而无法开启。

13.3 供配电节能

（1）应选择合理的数据中心功能布局及走线路由，降低供电线缆的损耗。

（2）电源应靠近负荷中心设置。末端用电设备处的电压应满足规范要求，低压配电级数不大于三级。

（3）变压器应满足《电力变压器能效限定值及能效等级》（GB 20052—2020）中的二级能效要求，以及《公共建筑节能设计标准》中的节能型变压器要求。应合理分配负荷，将变压器负载率控制在 70%～85%，尽量使变压器工作在高效低耗区。

（4）无功功率因数补偿可采用集中补偿和分散就地补偿相结合的方式，在变配电所的低压侧设置集中无功自动补偿，采用自动投切装置，补偿后的功率因数不能小于 0.95。气体放电灯采用就地补偿，选择电子镇流器或节能型高功率因数电感镇流器，气体放电灯单灯功率因数不能小于 0.90。应尽可能采用功率因数大的用电设备，电感性用电设备可选用有补偿电容器的用电设备（如配有电容补偿的荧光灯等）。

（5）应选用绿色环保且经国家认证的电气产品，在满足国家规范及供电行业标准的前提下，选用高性能变压器及相关配电设备，降低自身损耗。应选用电阻率较小的导线，尽可能减少导线长度，尽可能避免线路走弯。对于个别较长的线路，在满足载流量、热稳定性、保护配合及电压要求的前提下，在选定线截面时可加大一级线截面。

（6）应采用合理的功率因数补偿及谐波抑制措施，减少电子设备对低压配电系统造成的谐波污染，提高电网质量，降低对上级电网的影响。

（7）建筑内动力设备配电、楼层照明配电等应设置计量仪表，且应具备通信接口，可上传数据至能耗监控系统。

（8）供配电系统布局应采用高度集成化电力模块设计，将电源系统从分散式布局变为高度集成化，减少空间占比及功能模块损耗。

（9）供配电产品宜采用高频模块化可扩展UPS，提升功率因数，减少平均故障间隔时间，增强系统可用性。

（10）供配电系统可在保证系统可靠性的前提下使用新型节能方案，如高压直流、锂电池备电，以减少电能转换损耗。

13.4 照明节能

（1）建议采用高效节能荧光灯或LED光源。

（2）在满足眩光限制的条件下，应选用效率高的灯具或开启式直接照明灯具，室内灯具效率不应低于70%，并要求灯具的反射罩具有较高的反射比。

（3）荧光灯补偿后的功率因数不应小于0.9，高强气体放电灯的功率因数不应小于0.85。

（4）各功能用房照明功率密度应符合国家标准《建筑照明设计标准》（GB 50034）的要求。

（5）应充分利用自然光，使用具有光控、时控、人体感应等功能的智能照明控制装置。

13.5 制冷节能

（1）数据中心建设必须结合所在区域全年供冷的特点，进行综合技术经济比较，选择可靠、高效、节能、合理的制冷方案。

（2）空调系统的冷热源机组能效应满足《公共建筑节能设计标准》（GB 50189）的规定，以及现行有关国家标准能效限定值的要求。

（3）制冷系统节能应充分考虑自然冷源的利用和余热回收。

（4）根据数据中心建设使用规划和运行负荷变化可能性，制冷系统在系统分区、设备选择、运行控制等方面应有部分负荷运行方案。

（5）大型机房宜采用集中供应冷冻水的空调系统。北方地区采用水冷冷水机组作为冷源时，冬季可利用室外冷却塔及热交换器对空调冷冻水进行降温。空调系统可采用电制冷与自然冷却相结合的方式。

（6）应综合考虑当地气候和数据中心总体设计方案，精确计算数据中心冷负荷，从制冷系统、制冷设备、智能运维等方面进行节能设计。

制冷系统：制冷系统应合理利用当地户外自然冷源，采用直通风、间接蒸发冷、冷板换热、氟泵等节能设计，合理设定参数，尽量延长自然冷却时间，在不损害IT设备的情况下尽量提高送风温度，减少电力消耗。

制冷设备：制冷设备应采用高能效比产品，如磁悬浮冷水机组、风墙、热管背板空调，使用变频设计、湿膜加湿、液冷换热等节能技术，采用模块化设计理念，将冷量与负载需求动态匹配；制冷设备能效比应高于《公共建筑节能设计标准》（GB 50189）规定的建筑空调设备及《计算机和数据处理机房用单元式空气调节机》（GB 19413）规定的精密空调设备的最低能效比指标。

智能运维：制冷系统运维应配置智能群控系统，在运行过程中对能耗进行检测、分析、调整，避免竞争运行，优化运行参数，以达到节能降耗的目的。

（7）气流组织节能。

在数据中心IT关键设备区域，机房气流组织应根据IT设备种类、系统组成特性、设备发热量、机柜设备密度及布局、机柜冷却方式、机房设备布局等合理设计。

机房设备应采用主流的前进风、后出风冷却方式，采取面对面、背对背的布置形式，形成冷热通道隔离，避免冷热气流混合，增大换热温差，提升换热效率，并借助CFD软件进行优化设计，避免气流组织短路。

机房送回风可采用上、下送风或水平列间送风等气流组织方式，综合考虑送风口位置、方向、开度、气流速度、冷通道宽度等因素，进行定点定向送风，尽量缩短气流传输距离，并采用盲板封闭空余U位，减少冷气流耗散。

13.6 设备节能

（1）设备选型：应基于虚拟化、模块化、可扩展、绿色节能技术进行设备选型。

（2）服务器设备：服务器设备宜优先采用具有高速缓存、宽位动态执行、智能休眠功能的低功耗、耐高温服务器，实现负载按需分配上线，减少服务器能耗；服务器设备冷却可采用液冷技术，优化结构和换热效率，减少制冷系统能耗。

（3）存储设备：存储设备宜优先采用具有虚拟化和重复数据删除功能的节能型产品，提高存储空间利用率，降低能耗。

（4）网络设备：可将原来的接入层、汇聚层、核心层三层架构优化为接入层、核心层两层架构或一层矩阵网络结构，采用模块化子集设计，以及智能化可休眠的绿色节能交换机产品，减少交换机数量。

（5）设备使用与维护：在服务器设备的使用与维护方面，宜有效使用具有自动告警和远程开关机功能的节能产品，在监控平台中配置U位资产管理功能，实现资源按需分配部署，提高资源利用率，延长设备生命周期。

13.7 运维节能

在数据中心规模和容量快速增长的情况下，用户对数据中心的要求与硬件级别、供电可靠性、网络安全等标准也不断提升。IT基础设施复杂且标准不一的异构环境，使得运维管理复杂度和难度也日益增大。

基于数据中心运维更高的专业性、可靠性、节能性要求，应将传统运维升级为数字化运维、智能化运维，对数据进行深度挖掘与分析，建设基础设施统一智能运维管理平台，利用"数据智能"替换或强化"人工经验"。基于人工智能的运维，可以实现从无人值守到无人管理。运用"智能机器人+智能传感器"的人工智能组合，可以打造故障预测、独立诊断、自动排障、防御升级的监控模式，解放运维人力。基于人工智能，可以实现磁盘故障预测。可以利用人工智能技术精确预测故障，提升数据可靠性和资源利用效率。引入深度学习，可以实现数据中心节能。可以利用人工智能技术建模分析、预测数据中心资源利用率，结合虚拟机迁移功能，根据业务需求合理地调度数据中心资源，以最大限度地挖掘节能潜力。

13.7.1 基础设施智能化运维

数据中心基础设施运维，应整合运维大数据资源，将分散的、手工维护的硬件设备、应用部署、机房资源和综合布线等各项基础环境资源的运维信息进行整合，形成完整的IT设备生命周期管理体系。

13.7.2 基础设施可视化运维

基础设施可视化运维是指将各个子系统的运维信息，用直观可视化三维视图集中呈现，以准确、快速地定位故障，减少运维人力，大幅提升运维效率。

（1）机房环境可视化。利用三维仿真技术，对机房内不同型号的设备设施逐一采集信息、建立模型，构建多视角、多维度、分层呈现的虚拟现实环境，使机房设备布局直观可视。

（2）资产管理可视化。基于机房三维场景，可直接查询并精确定位设备设施、位置、外观、型号、系统应用、容量、端口使用等设备信息即时呈现，精准且详细。

（3）容量管理可视化。基于机房可视化场景，将环境、资源、配电、设备资源、PUE等信息多维度集中展现，有效实现容量资源合理分配。

（4）运维管理可视化。联动一体化监控，直观显示环控系统温湿度云图，将硬件高等级事件自动定位至相关设备并给出提示，工作人员可快速获取设备资产、运维（IP、系统、维护变更信息等）、配线连接等信息，有效提升故障定位、预判及处理效率。

（5）配线管理可视化。直观呈现光纤、网线、配电等线缆全链路连接信息，精确至板卡和端口，实现端口到端口准确定位。

（6）运维数据可视化。自动采集运维数据并直观呈现，使运维效率大幅提升。

13.8 其他节能

（1）数据中心宜采用模块化设计方法和理念，分期部署，按需上线，提升全生命周期利用效率；应优先采用模块化产品、微模块和集装箱式数据中心等。

（2）数据中心应根据设备功率合理进行机柜设备布局，优化气流组织，避免局部热点。

（3）综合布线方向应与气流方向平行，减少对气流的阻挡，同时减少对照明的阻挡。

（4）数据中心应设置先进的自动能源管理系统，对各类能源（包括水、电、气以及绿色能源等）的使用进行监测和管理，宜具有使用人工智能算法对能源管理进行持续优化的能力。

（5）数据中心建筑或园区宜直接购买并应用可再生能源电力，在中国绿色电力证书认购平台上认购绿色电力证书代表的电力，应用自建分布式太阳能、风能等可再生能源电站所发电力等。

13.9 应用实例

这里以贵安新区某数据中心项目为例进行介绍。设计过程中，该项目将电源设置于各供电区域的负荷中心，从而缩短供电半径，降低线损和压损，达到节能效果。该项目变压器、不间断电源系统、柴油发电机组等设备的选型满足相关规范和节能的要求。为了提高电源质量，在低压侧采用SVG+APF无功补偿及谐波治理措施。该项目的照明光源均采用LED，在保证照度充分且均匀的前提下，满足照明功率密度值符合《建筑照明设计标准》（GB 50034）的有关规定。同时，该项目在机房、走廊等区域采用智能照明控制系统，不仅便于管理，也达到了节能的目的。

第 14 章

绿色施工管理与绿色施工技术

14.1 绿色施工管理

绿色施工管理主要包括组织管理、策划管理、实施过程管理、评价管理和人员安全与健康管理5个方面。应结合金融行业数据中心的多种建设模式（如模块化模式与预先定制化模式等），加入相应的绿色施工管理措施。

1. 组织管理

（1）项目应建立绿色施工管理体系，并制定相应的管理制度与目标。

（2）项目经理为绿色施工第一责任人，负责绿色施工的组织实施及目标实现，并指定绿色施工管理人员和监督人员。

2. 策划管理

项目施工前应制定绿色施工措施，包括：

（1）环境保护措施。制定环境管理计划及应急救援预案，采取有效措施，降低环境负荷，保护地下设施、文物和资源。

（2）节材措施。在保证工程安全与质量的前提下，制定节材措施，如进行施工方案的节材优化，实施建筑垃圾减量化，尽量利用可循环材料等。

（3）节水措施。根据工程所在地的水资源状况，制定节水措施。

（4）节能措施。进行施工节能策划，确定目标，制定节能措施。

（5）节地与施工用地保护措施。制定临时用地指标、施工总平面布置规划及临时用地节地措施等。

3. 实施管理

（1）对整个施工过程实施动态管理，加强对施工策划、施工准备、材料采购、现场施工、工程验收等各阶段的管理和监督。

（2）结合工程项目的特点，有针对性地对绿色施工做相应的宣传，通过宣传营造绿色施工的氛围。

（3）定期对职工进行绿色施工知识培训，增强职工的绿色施工意识。

4. 评价管理

对照施工前制定的绿色施工目标，结合工程特点，对绿色施工的效果及采用的新技术、新设备、新材料与新工艺进行评估。

5. 人员安全与健康管理

（1）制定施工防尘、防毒、防辐射等职业危害防护措施，保障施工人员的长期职业健康。

（2）合理布置施工场地，保护生活及办公区不受施工活动的有害影响。在施工现场建立卫生急救、保健防疫制度，在安全事故和疾病疫情出现时提供及时救助。

（3）提供卫生、健康的工作与生活环境，加强对施工人员的住宿、膳食、饮用水等生活与环境卫生的管理，明显改善施工人员的生活条件。

14.2 环境保护技术

14.2.1 扬尘控制

（1）运送土方、垃圾、设备及建筑材料等，不得污损场外道路。运输容易散落、飞扬、流漏的物料的车辆，必须采取措施封闭严密，保证车辆清洁。施工现场出口应设置洗车槽。

（2）在土方作业阶段，采取洒水、覆盖等措施，达到作业区目测扬尘高度小于1.5m且不扩散到作业区外。

（3）在结构施工、安装、装饰装修阶段，作业区目测扬尘高度应小于0.5m。对易产生扬尘的堆放材料应采取覆盖措施；粉末状材料应封闭存放；场区内可能引起扬尘的材料及建筑垃圾搬运应有降尘措施，如覆盖、洒水等；浇筑混凝土前清理灰尘和垃圾时尽量使用吸尘器，避免使用吹风器等易产生扬尘的设备；进行机械剔凿作业时可采取局部遮挡、掩盖、水淋等防护措施；多层建筑清理垃圾应搭设封闭性临时专用道或采用容器吊运。

（4）施工现场非作业区应达到目测无扬尘的要求。应对现场易飞扬物质采取有效措施，如洒水、地面硬化、密网覆盖、封闭等，防止扬尘产生。

（5）构筑物机械拆除前，应做好扬尘控制计划。可采取清理积尘、拆除体洒水、设置隔挡等措施。

（6）构筑物爆破拆除前，应做好扬尘控制计划。可采取清理积尘、淋湿地面、预湿墙体、屋面敷水袋、楼面蓄水、建筑外设高压喷雾状水系统、搭设防尘排栅和直升机投水弹等综合降尘措施。应选择风力小的天气进行爆破作业。

（7）在工地围挡四周隔挡高度位置处测得的大气总悬浮颗粒物（TSP）月平均浓度与城市背景值的差值应不大于$0.08mg/m^3$。

14.2.2 废气排放控制

（1）施工现场应使用清洁能源，严禁焚烧各类废弃物。

（2）进出场车辆和机械设备的废气排放应符合国家年检要求。

（3）电焊烟气的排放应符合现行国家标准《大气污染物综合排放标准》（GB 16297）的规定。

（4）可能挥发有毒、有害气体的材料和易燃、易爆材料的运输、储存、使用应符合相关要求。

14.2.3 噪声与振动控制

（1）施工现场宜使用低噪声、低振动的设备、机具，并应定期保养维护。

（2）强噪声设备应设置在远离居民区、办公区的一侧，并应采取降低噪声的措施。

（3）远距离工作安排和调动应采用对讲机等通话工具，严禁哨声指挥。

（4）运输材料的车辆进入施工现场严禁鸣笛，装卸材料应做到轻拿轻放。

（5）施工作业时间应严格遵守施工禁令时间规定。

（6）施工现场噪声排放和实时监测应符合现行国家标准《建筑施工场界环境噪声排放标准》（GB 12523—2011）和《建筑施工场界噪声测量方法》（GB/T 12524—90）的相关规定。施工现场振动应符合现行国家标准《城市区域环境振动标准》（GB 10070—88）的相关规定。

14.2.4 光污染控制

（1）施工现场应合理安排作业时间，尽量避免夜间施工。必要的夜间施工应合理调整灯光照射角度，减少对周围居民生活的干扰。

（2）避免进行夜间焊接作业，确需夜间焊接作业时应采取挡光措施，避免电弧光外泄。

（3）施工现场设置大型照明灯具时，应有防止强光外泄的措施。

14.2.5 水污染控制

（1）施工现场污水排放应达到国家标准《污水综合排放标准》（GB 8978—1996）的要求。

（2）施工现场应针对不同的污水，设置相应的处理设施，如沉淀池、隔油池、化粪池等。

（3）应委托有资质的单位进行废水水质检测，提供相应的检测报告。

（4）应采用隔水性能好的边坡支护技术。在缺水地区或地下水位持续下降的地区，应尽可能少地抽取地下水。当基坑开挖抽水量大于 $5\times10^5 m^3$ 时，应进行地下水回灌，并避免地下水被污染。

（5）有毒材料、油料的储存地应有严格的隔水层设计，做好渗漏液收集和处理。

14.2.6 土壤保护

（1）保护地表环境，防止土壤侵蚀、流失。因施工造成的裸土，应及时覆盖砂石或种植速生草种，以减少土壤侵蚀。因施工造成容易发生地表径流土壤流失的情况，应采取设置地表排水系统、稳定斜坡、植被覆盖等措施，减少土壤流失。

（2）沉淀池、隔油池、化粪池等不应发生堵塞、渗漏、溢出等现象。应及时清掏各类池内沉淀物，并委托有资质的单位清运。

（3）对于有毒、有害废弃物，如电池、墨盒、油漆、涂料等，应回收后交有资质的单位处理，不能作为建筑垃圾外运，避免污染土壤和地下水。

（4）施工后应恢复施工活动破坏的植被（一般指临时占地内）。应与当地园林、环保部门或当地植物研究机构进行合作，在先前开发地区种植当地植物或其他合适的植物，以恢复剩余空地地貌或科学绿化，补救施工活动中人为破坏植被和地貌造成的土壤侵蚀。

14.2.7 建筑垃圾控制

（1）施工现场应制定建筑垃圾减量化计划，按照施工内容，核定建筑垃圾排放量，数据中心每万平方米的建筑垃圾不宜超过400吨。

（2）加强建筑垃圾的回收再利用，确保建筑垃圾的再利用率达到30%，力争达到50%及以上。建筑物拆除产生的废弃物的再利用率应大于40%。对于碎石类、土石方类建筑垃圾，可采用地基填埋、铺路等方式提高再利用率，力争再利用率大于50%。

（3）施工现场生活区应设置封闭式垃圾容器，施工场地生活垃圾实行袋装化，及时清运。应对建筑垃圾进行分类，并收集到现场封闭式垃圾站，集中运出。

14.2.8 地下设施、文物和资源保护

（1）施工前应调查清楚地下各种设施，做好保护计划，保证施工场地周边的各类管道、管线、建筑物、构筑物的安全运行。

（2）施工过程中一旦发现文物，应立即停止施工，保护现场，通报文物部门并协助其做好工作。

（3）应避让、保护施工场区及周边的古树名木。

14.3 节材与材料资源利用技术

14.3.1 节材措施

（1）根据施工进度、库存情况等合理安排材料的采购、进场时间和批次，减少库存。

（2）现场材料堆放有序。储存环境适宜，措施得当。保管制度健全，责任落实到位。

（3）材料运输工具适宜，装卸方法得当，防止损坏和遗撒。根据现场平面布置情况就近卸载，避免和减少二次搬运。

（4）采取技术和管理措施提高模板、脚手架等的周转次数。

（5）优化安装工程的预留、预埋、管线路径等方案。

（6）就地取材，施工现场 500 千米以内生产的建筑材料用量占建筑材料总用量的 70% 以上。

14.3.2　结构材料

（1）推广使用预拌混凝土和商品砂浆。准确计算采购数量、供应频率、施工速度等，在施工过程中动态控制。结构工程使用散装水泥。

（2）推广使用高强钢筋和高性能混凝土，减少资源消耗。

（3）推广钢筋专业化加工和配送。

（4）优化钢筋配料和钢构件下料方案。钢筋及钢结构制作前应对下料单及样品进行复核，无误后方可批量下料。

（5）优化钢结构制作和安装方法。大型钢结构宜采用工厂制作、现场拼装的方式；宜采用分段吊装、整体提升、滑移、顶升等安装方法，减少方案的措施用材量。

（6）采取数字化技术，对大体积混凝土、大跨度结构等专项施工方案进行优化。

14.3.3　围护材料

（1）门窗、屋面、外墙等围护结构选用耐候性及耐久性良好的材料，施工确保密封性、防水性和保温隔热性。

（2）门窗采用密封性能、保温隔热性能、隔音性能良好的型材和玻璃等材料。

（3）屋面材料、外墙材料具有良好的防水性能和保温隔热性能。

（4）当屋面或墙体等部位采用基层加设保温隔热系统的方式施工时，应选择高效节能、耐久性好的保温隔热材料，以减小保温隔热层的厚度及材料用量。

（5）屋面或墙体等部位的保温隔热系统采用专用的配套材料，以加强各层次之间的粘结或连接强度，确保系统的安全性和耐久性。

（6）根据建筑物的实际特点，优选屋面或外墙的保温隔热材料、系统和施工方式，如保温板粘贴、保温板干挂、聚氨酯硬泡喷涂、保温浆料涂抹等，以保证保温隔热效果，并减少材料浪费。

（7）加强保温隔热系统与围护结构的节点处理，尽量减少热桥效应。针对建筑物不同部位的保温隔热特点，选用不同的保温隔热材料及系统，做到经济适用。

14.3.4 装饰装修材料

（1）贴面类材料在施工前，应进行总体排版策划，减少非整块材的数量。

（2）采用非木质的新材料或人造板材代替木质板材。

（3）防水卷材、壁纸、油漆及各类涂料基层必须符合要求，避免起皮、脱落。各类油漆及粘结剂应随用随开启，不用时及时封闭。

（4）幕墙及各类预留、预埋施工应与结构施工同步。

（5）木制品及木装饰用料、玻璃等各类板材宜在工厂采购或定制。

（6）采用自粘类片材，减少现场液态粘结剂的使用量。

14.3.5 周转材料

（1）应选用耐用、维护与拆卸方便的周转材料和机具。

（2）优先选用制作、安装、拆除一体化的专业队伍进行模板工程施工。

（3）模板应以节约自然资源为原则，推广使用定型钢模、钢框竹模、竹胶板。

（4）施工前应对模板工程的方案进行优化。使用可重复利用的模板体系，模板支撑宜采用工具式支撑。

（5）现场办公和生活用房采用周转式活动房。现场围挡应最大限度地利用已有围墙，或者采用装配式可重复使用围挡封闭。力争工地临房、临时围挡材料的可重复使用率达到70%。

14.4 节水与水资源利用技术

14.4.1 提高用水效率

（1）施工中采用先进的节水施工工艺。

（2）施工现场喷洒路面、绿化浇灌不宜使用市政自来水。现场搅拌用水、养护用水应采取有效的节水措施，严禁无措施浇水养护混凝土。

（3）施工现场供水管网应根据用水量设计布置，管径合理、管路简捷，采取有效措施减少管网和用水器具的漏损。

（4）现场机具、设备、车辆冲洗用水必须设立循环用水装置。施工现场办公区、生活区的生活用水应采用节水系统和节水器具，提高节水器具配置比例。项目临时用水应使用节水型产品，安装计量装置，采取有针对性的节水措施。

（5）施工现场应建立可再利用水的收集处理系统，使水资源得到梯级循环利用。

（6）施工现场应分别对生活用水与工程用水确定用水定额指标，并分别计量管理。

（7）大型工程的不同单项工程、不同标段、不同分包生活区，凡具备条件的应分别计量用水量。在签订不同标段分包或劳务合同时，应将节水定额指标纳入合同条款，进行计量考核。

（8）应对混凝土搅拌站点等用水集中的区域和工艺点进行专项计量考核。

14.4.2 非传统水源利用

（1）优先采用中水搅拌、中水养护，有条件的地区和工程应收集雨水养护。

（2）处于基坑降水阶段的工地，宜优先采用地下水作为混凝土搅拌用水、养护用水、冲洗用水和部分生活用水。

（3）现场机具、设备、车辆冲洗，喷洒路面，绿化浇灌等用水，应优先采用非传统水源，尽量不使用市政自来水。

（4）大型施工现场应建立雨水收集利用系统，充分收集自然降水用于施工和生活中适宜的部位。

（5）力争施工中非传统水源和循环水的再利用率大于30%。

14.4.3 用水安全

在非传统水源和现场循环再利用水的使用过程中，应制定有效的水质检测与卫生保障措施，避免对人体健康、工程质量及周围环境产生不良影响。

14.5 节能与能源利用技术

14.5.1 节能措施

（1）制定合理施工能耗指标，提高施工能源利用率。

（2）优先使用国家、行业推荐的节能、高效、环保的施工设备和机具，如采用变频技术的节能施工设备等。

（3）施工现场分别设定生产、生活、办公和施工设备的用电控制指标，定期进行计量、核算、对比分析，并有预防与纠正措施。

（4）在施工组织设计中，合理安排施工顺序、工作面，以减少作业区域的机具数量，相邻作业区充分利用共有的机具资源。安排施工工艺时，应优先考虑耗用电能或其他能耗较少的施工工艺。避免设备额定功率远大于使用功率或超负荷使用设备的现象。

（5）根据当地气候和自然资源条件，充分利用太阳能、地热等可再生能源。

14.5.2　机械设备与机具

（1）建立施工机械设备管理制度，开展用电、用油计量，完善设备档案，及时做好维修保养工作，使机械设备保持低耗、高效的状态。

（2）选择功率与负载相匹配的施工机械设备，避免大功率施工机械设备低负载长时间运行。机电安装可采用节电型机械设备，如逆变式电焊机和能耗低、效率高的手持电动工具等，以利节电。机械设备宜使用节能型油料添加剂，在可能的情况下，应考虑回收利用，节约油量。

（3）合理安排工序，提高各种机械的使用率和满载率，降低各种设备的单位耗能。

14.5.3　生产、生活及办公临时设施

（1）利用场地自然条件，合理设计生产、生活及办公临时设施的体形、朝向、间距和窗墙面积比，使其获得良好的日照、通风和采光。南方地区可根据需要在其外墙窗设遮阳设施。

（2）临时设施宜采用节能材料，墙体、屋面使用隔热性能好的材料，减少夏天空调、冬天取暖设备的使用时间及能耗。

（3）合理配置采暖设备、空调、风扇数量，规定使用时间，实行分段分时使用，节约用电。

14.5.4 施工用电及照明

（1）临时用电优先选用节能电线和节能灯具，合理设计、布置临电线路，临电设备宜采用自动控制装置。

（2）采用声控、光控等节能照明灯具。

（3）照明设计以满足最低照度为原则。

14.6 节地与施工用地保护技术

14.6.1 临时用地指标

（1）根据施工规模及现场条件等因素合理确定临时设施，如临时加工厂、现场作业棚及材料堆场、办公生活设施等的占地指标。临时设施的占地面积应按用地指标所需的最低面积设计。

（2）要求平面布置合理、紧凑，在满足环境、职业健康与安全及文明施工要求的前提下，尽可能减少废弃地和死角，临时设施占地面积有效利用率应大于90%。

14.6.2 临时用地保护

（1）应对深基坑施工方案进行优化，减少土方开挖和回填量，最大限度地减少对土地的扰动，保护周边自然生态环境。

（2）红线外临时占地应尽量使用荒地、废地，少占用农田和耕地。工程完工后，应及时对红线外占地恢复地形、地貌，使施工活动对周边环境的影响降至最低。

（3）应利用和保护施工用地范围内原有绿色植被。对于施工周期较长的现场，可按建筑永久绿化的要求，安排场地新建绿化。

14.6.3　施工总平面布置

（1）施工总平面布置应做到科学、合理，充分利用原有建筑物、构筑物、道路、管线为施工服务。

（2）施工现场搅拌站、仓库、加工厂、作业棚、材料堆场等应尽量靠近已有交通线路或即将修建的正式或临时交通线路，缩短运输距离。

（3）临时办公和生活用房应采用经济、美观、占地面积小、对周边地貌环境影响较小，且适于施工平面布置动态调整的多层轻钢活动板房、钢骨架水泥活动板房等标准化装配式结构。生活区与生产区应分开布置，并设置标准的分隔设施。

（4）施工现场围墙可采用连续封闭的轻钢结构预制装配式活动围挡，减少建筑垃圾，保护土地。

（5）施工现场道路按照永久道路和临时道路相结合的原则布置。施工现场内形成环形通路，减少道路占用土地。

（6）临时设施布置应注意远近结合（本期工程与下期工程），努力减少和避免大量临时建筑拆迁和场地搬迁。

14.7　应用实例

某数据中心包括 5 栋标准机房，数据中心总建筑面积为 88333m^2，占整个项目建筑面积的 55.98%，数据机柜总数量约为 10 万台。每栋标准机房分 4 层，每层配置空气处理机组16套，光纤间、强电间、弱电间各4间，配电间2间，电池间1间，以及通用的配套生活房间和设施。数据中心的动力需求主要采用柴油发电机满足，共配置96套发电机组和2栋发电机房。

1. 绿色施工管理

项目建立了以项目经理为组长的绿色施工管理小组，明确了各小组成员的岗位职责，并制定了绿色施工管理制度与目标。在施工前，小组结合项目特点详细制定了四节一环保措施。施工过程中定期对项目管理人员、工人进行培训和宣传，将措施执行到位，大大提高了绿色施工管理和实施水平，项目绿色施工水平得到了业主和社会的一致认可。

2. 环境保护技术

（1）扬尘控制方面：项目在进行土方、建筑垃圾等运输时，全部采用了带篷布罩的运输车，防止在运输过程中物料散落、飞扬、流漏；在大门口设置了洗车槽和冲洗平台，保证车辆驶出项目区域前冲洗干净；在围挡、道路边、塔吊大臂上安装了喷淋、雾炮降尘装置；对易产生扬尘的堆放材料和场地采取了覆盖措施。

（2）废气排放控制方面：项目通过采用电力混凝土泵、电动破碎锤、电动地坪磨平机等设备，减少以化石燃料为动力的设备的使用，大大减少了废气的排放。

（3）噪声与振动控制方面：项目积极推广对讲机、低噪声振动棒、泵车噪声防护棚等设备设施的应用，制定了场内降噪管理制度，严禁车辆鸣笛，材料装卸时要求轻拿轻放，并要求在 6:00～22:00 方能作业，施工期间噪声得到了有效控制。

（4）光污染控制方面：项目尽量避免了夜间施工，施工现场设置的大型照明灯具，均设置了防护罩。

（5）水污染控制方面：项目绘制了场内排水平面图，将场内雨水、基坑排水通过排水沟引至三级沉淀池进行沉淀后排放；针对场内生活产生的污水，项目设置了隔油池、化粪池等设施，经处理后排入市政管网。

（6）土壤保护方面：针对施工造成的裸土，项目及时覆盖砂石或种植速生草种，以减少土壤侵蚀；此外，通过规划场内排水系统，有效防止了土壤侵蚀和流失。

（7）建筑垃圾控制方面：项目将施工过程中产生的混凝土余料、剔凿垃圾等用作粗骨料，用来制作过梁、预制盖板等，大大减少了垃圾的产生。将土方作业阶段产生的碎石、土石方等垃圾用于铺设临时道路路基，并在场内空地进行临时堆放，用于后期回填，提高了建筑垃圾的再利用率。

3. 节材与材料资源利用技术

项目在施工前制定了周转材料配置方案，通过科学合理的施工组织，提高了周转次数和材料利用率，减少了周转材料的投入；现场办公和生活用房全部采用箱式板房，围挡全部采用装配式可重复使用围挡，项目施工完成后材料即被调转至其他项目使用；项目所用的混凝土和砂浆全部采用预拌混凝土和商品砂浆，地砖、墙砖等材料在施工前提前进行深化排版，减少了材料的浪费。

4. 节水与水资源利用技术

项目设置了雨水收集利用系统，将收集的雨水用于喷洒路面、绿化浇灌、混凝土养护和车辆冲洗，减少了自来水的消耗。

5. 节能与能源利用技术

在项目策划阶段，通过科学合理的测算分析，在满足施工需求的情况下，尽量减少大型机械设备的数量，提高设备的使用效率，避免大功率施工机械设备长时间低负载运行，减少能源消耗。此外，在项目实施过程中，还通过利用太阳能路灯、空气能热水器、LED照明灯带、声控灯等节能设备，进一步降低了项目能源消耗。

6．节地与施工用地保护技术

项目施工时，严格按照给定的红线范围进行施工平面布置，加工车间、材料堆场等均沿临时道路进行布置，缩短了运输距离。现场道路按照永久道路和临时道路相结合的原则进行布置，减少了道路占用土地。

第 15 章

运营管理

15.1 基本要求

金融行业绿色数据中心应参照 ITIL 的标准建设包含服务台、知识库、CMDB、事件管理、问题管理等的统一运维管理平台,可以和监控系统做无缝衔接,日常告警事件可直接触发工单运维,提高工作效率。通过建设统一监控管理平台,对机房服务器、网络设备、中间件、数据库、存储设备等进行全面监控,消除监控死角。

遵循 ITIL 管理思想,以服务台为中心,综合服务请求管理、事件管理、问题管理、变更管理、发布管理、任务管理、备件管理、知识管理、资产配置管理,并且提供表单自定义和流程自定义功能,实现数据中心运维管理标准化、规范化。通过报表统计分析有序地展现网络运维的所有管理指标,生成各种分析报告和图表,全面呈现网络系统的设备资源、告警统计、系统运行状况等,为故障诊断、领导决策提供科学的、可量化的决策依据。

数据中心运维管理的基本要求如下。

(1)保证数据中心各类设备设施优质、高效、安全运行。保证设备的性能及技术指标、机房环境条件符合标准。

(2)充分利用网管系统实时监视电路、设备的运行情况,迅速、准确地排除系统中出现的各种故障，缩短故障历时。

（3）根据业务需要，合理调整网络结构，优化网络性能，预防重大故障和事故的发生。

（4）参与工程验收，负责新设备、扩容设备的安装和设备验收的质量把关。

（5）负责维护资料的管理，保证数据资料完整、准确。

（6）在保证机房设备正常运行的前提下，合理控制、使用运行维护成本。

（7）加强固定资产管理，合理调整设备配置，提高设备利用率。

（8）建立业务响应机制，制定并落实等级维护和服务保障制度，满足市场和客户的需要。

（9）采用新技术，提高技术装备水平，完善运维支撑手段，提高工作效率。

15.2 管理制度

金融行业绿色数据中心应制定严格的管理制度，要求如下。

（1）应严格遵守《中华人民共和国计算机信息网络国际联网管理暂行规定》和《互联网信息服务管理办法》，明确指定数据中心安全管理负责人。

（2）应制定数据中心进出管理制度，由数据中心管理人员专人负责，未经允许，非数据中心人员不得进入数据中心机房。

（3）应制定数据中心设备设施管理制度，设备设施应建立完善的清单档案，设备的使用、设置和软件的安装应由数据中心管理人员负责，并建立有关文字档案。

（4）应制定数据中心运行维护管理制度。数据中心服务器群应配置不间断电源系统，以确保服务器安全运行。数据中心管理人员应定时做好中心服务器的应用数据备份和日志归档工作，任何人不得删除运行记录的文档，否则追究责任。注意病毒防护，严禁在数据中心内玩计算机游戏、下载与工作无关的文档或资料，严禁在服务器上安装与工作无关的软件，确保服务器正常运行。

（5）应制定数据中心安全保密制度，由数据中心管理人员专人负责，做好信息数据的安全保密工作，一旦发现中心服务器有被侵入及恶意攻击的记录，应及时采取措施遏止并向主管领导报告；若发现网上有色情及政治敏感内容，应及时报告有关部门处理。

（6）应制定数据中心运行维护规程，由数据中心管理人员专人负责。数据中心工作人员应严格遵守操作规程，对各类设备设施实行规范操作，并做好日常维护和保养。发生重大故障和问题应及时报告有关领导，并做好事故分析，采取积极措施，尽快恢复正常工作。服务器数据应定期备份，确保数据安全。

（7）应制定数据中心机房值班制度，每天定时巡检，检查内容包括门窗是否关好，做好防火防盗工作等。

15.3 设备运行要求

（1）宜通过远程登录或KVM等方式管理，减少人员的出入。
（2）应及时清理设备风扇及机架网孔。
（3）应定期检查架内挡风板的安装和使用是否合乎要求。
（4）应定期检查各机架用电量是否在协议规定的范围内。
（5）应随时检查各设备及其架内缆线布放是否符合规范要求。

15.4 软件安全要求

（1）开发框架安全要求：最新稳定版本，源于官方网站，框架升级时代码可有效兼容，使用前须对安全性做评估，不存在高中危漏洞。

（2）合作插件安全要求：最新稳定版本，源于官方网站，使用前须对安全性做评估，不存在高中危漏洞。

（3）中间件及数据库安全要求：最新稳定版本，无高中危漏洞，满足国家等级保护 2.0 标准。

（4）操作系统安全要求：主流操作系统，原厂支持版本，无高中危漏洞，使用前须对安全性做评估，满足国家等级保护最新标准。

（5）充分考虑网络危险，可通过网页防篡改、WAF、防病毒、抗 DDoS 等设备对攻击事件进行防护。

（6）如果存在高危漏洞，应在 30 个工作日内修复。

15.5 能源管理体系建设

15.5.1 IT 及网络设施节能管理

（1）宜部署主机监控系统，为 IT 系统的运营维护和能耗控制等提供参考依据，实现精细化和可测量的能耗监控和管理。

（2）宜选择虚拟化、自动化等节能技术。通过互联网平台整合不同厂商的服务器和存储设备资源，实现服务器和存储管理自动化。

（3）宜建立资源调度管理平台，整合 IT 基础设施，建立综合管理系统，实现标准运维。数据中心宜提供运维人员客户端自动化服务功能，优化客户端环境。

15.5.2 基础设施节能管理

（1）维护人员要严格按照维护规程要求，做好机房热管理，减少制冷能耗，制定并执行维护作业计划，确保数据中心机房设备稳定运行。

（2）在不违反机房环境指标的前提下，适当提高机房的室内温度，减少空调运行时间，节约电能。

（3）维护人员应根据机架的租用情况和机架上服务器等设备的安装情况，及时调整空调送风口的送风量，避免空调冷风虚耗。

（4）维护人员应及时清理空调系统的室外散热设备（如风冷冷凝器、冷却塔等）和室内机的空气过滤器，使机房空调系统始终处于高效工作状态。

（5）应根据设备发热量、空调配置等情况，结合室外环境温度的变化，合理调整空调开启的数量，以达到节能降耗的目的。

（6）应结合动力环境集中监控系统，增加数据中心电能管理监控功能，合理设置测点，科学计量，为精细化管理和节能提供数据。

第16章 智能化系统

（1）智能化系统主要包括环境与设备监控系统、安全防范系统、周界防护系统、集中空调自控系统、大屏幕显示系统、能效监管系统等，其中安全防范系统包括视频安防监控系统、出入口控制系统和入侵报警系统。

（2）智能化系统的具体配置应根据数据中心的建设目标、分级标准、客户需求、运营及管理要求、投资规模等综合确定。

（3）智能化系统应统一规划设计、分期建设，保证系统兼容性和完整性。分期建设界面应合理，避免造成缺陷和浪费投资。

（4）智能化系统宜采用统一系统平台，以实现集中监控和各子系统之间的联动。系统宜采用集散式或分布式网络结构及现场总线控制技术，可支持各种传输网络和多级管理。系统平台应具有集成性、开放性、可扩展性及可对外互联等功能。系统采用的操作系统、数据库管理系统、网络通信协议应为国际上通用的系统和协议。系统应预留向上的集成接口。

（5）统一系统平台应具备实时监控、告警管理、权限管理、报表管理、联动管理、日志管理、系统安全等基础功能。

（6）布线系统应能适应较复杂的空间使用环境，保证不受高频电气设备、动力设备及空间无线电磁波辐射的干扰，并在传输信号时不对外产生相应的电磁辐射和干扰信号。

（7）数据中心的监控室和消防控制室宜分开设置，分别负责数据中心的运营管理和消防控制功能。如需合用，消防设备应集中设置，并与其他设备间有明显间隔。

（8）数据中心宜设置能效监管系统，按通信设备、空调设备、照明插座、建筑动力和其他用电设备等进行分项或分区域监测与计量。

（9）集中空调自控系统任一组件（电源、传感器、控制器和交换机等）发生故障或断电时，应不影响制冷系统的正常运行。

第17章

云托管和云服务

17.1 云托管

云托管设备上架要求如下。

（1）应在与用户签订的协议中限定单机架的用电量上限。

（2）用户各设备的安装应满足机房整体布局及冷热分区的要求。用户各整机机架的用电量应与机房相应区域的制冷量相适应，设备的进排风方向应与机房气流组织的要求一致。

（3）用户在进行设备部署时，各机架的用电量应尽量均匀；当用户各机架用电量差别很大且难以调整时，应与机房制冷能力及制冷量的分布相结合，统一考虑不同功耗的机架位置。

（4）若用户所租用机架内的设备用电量超过机房设计的平均机架用电量，则应核算并控制机房内其他未使用机架的出租量，从而确保整个机房设备散热量与制冷量匹配。

（5）VIP机房应根据用户的设备安装方案、各机架用电量等因素单独设计机房基础环境，并与普通数据中心机房物理隔离。

（6）同一机架内应尽量部署物理尺寸、用电量及进排风能力接近的设备。

（7）机架应按设计能力饱满使用；若机架无法一次装满，宜从距送风口较近的空间开始安装设备。

（8）上架的设备之间应留有适当空间。未安装设备的架内空间应安装挡风板，挡风板应能够防止冷热风短路。

17.2 云服务

17.2.1 云服务平台建设原则

云服务平台运行于数据中心虚拟化架构之上，提供资源监控管理、资源虚拟化、资源使用流程审计等功能，可满足平台用户对资源的在线申请和使用要求。其中，资源监控管理功能可以对硬件资源（服务器、存储和网络）进行实时监控和管理，对于系统异常情况可以实现实时告警。资源虚拟化功能可以实现虚拟资源的抽象化管理，以资源池的形式进行资源分配，并能根据资源使用情况对资源进行动态调度。系统整体情况和资源使用情况可以通过个性化报表进行展现。

17.2.2 云服务平台功能要求

1. 支持多种操作系统

云主机支持主流的 Windows 和 Linux 操作系统，允许用户自定义个性化模板，部分操作系统如图 17-1 所示。

2. 支持多种规格

云主机规格为虚拟机的配置模板，定义了虚拟机的 CPU 数量（vCPU）、内存容量（Memory_MB）、

图 17-1 部分云主机操作系统

磁盘容量（Disk）及临时磁盘（Ephemeral）、Swap 分区等一些参数。

  云主机允许用户根据不同需求选择标准配置或自定义配置，动态升级 CPU 和内存配置。也允许用户从两个维度扩展业务服务能力，一个维度是在现有云主机上扩展 CPU、内存、磁盘，支持对 CPU 和内存的升级与降级操作，支持增加、减少磁盘和带宽。另一个维度是在弹性负载均衡支持下，按现有云主机规格扩展云主机数量，可以通过 API 和控制台创建、销毁云主机实例，快速提升业务服务能力。

  云主机最高配置为 16 核 CPU，内存 64GB，数据盘通过分配的快存储服务绑定到云主机，通过分布式文件系统实现支持百 PB 级的块存储、文件存储和对象存储服务，为云主机提供存储资源，弹性块存储最大为 2TB，每个云主机可绑定多个块存储。每个计算节点的业务网络带宽可达到 20Gbit/s，且承载最多不超过 80 台云主机，因此单台云主机的业务网络带宽至少可达 250Mbit/s。

  用户可以在 Web 控制台上通过图 17-2 所示的界面进行云主机规格的配置。

图 17-2 云主机规格配置界面

3. 支持快照功能

  快照用于捕捉硬盘在某一时刻的状态，未来可以随时恢复到这个状态。用户可以采用快照方式备份当前使用的云主机。云平台支持对运行或停止状态的云主机生成快照，提供分钟级快照回滚功能。云平台支持全量快照和增量快照，还支持用户定义周期性自动快照。

  （1）快照功能原理。

  底层在创建虚拟机时，会根据其选用的镜像，创建一个基础缓存镜像文件，使得所有使用同一镜像的虚拟机不必多次全量复制源镜像文件；之后，在基础缓存镜像文件的基础上，创建增量镜像文件，即虚拟机的系统磁盘。

（2）增量快照（图 17-3）。

通过对增量镜像文件做快照及备份，完成对虚拟机的增量快照及备份，因为增量镜像文件比源镜像文件小得多，所以增量快照功能完成的速度较快，但不可独立恢复。

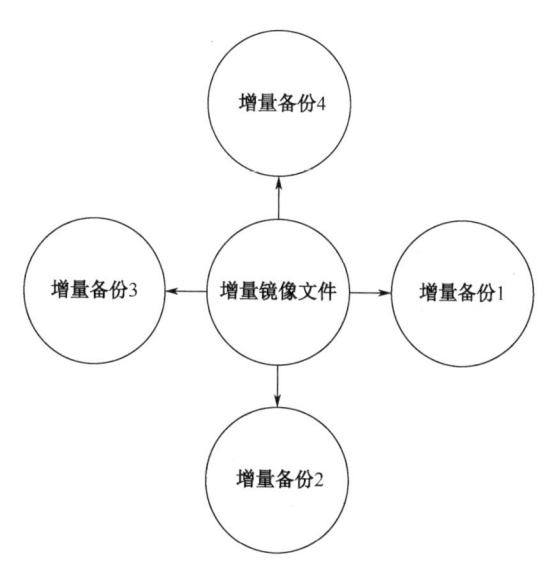

图 17-3　增量快照

（3）全量快照。

将增量快照及备份与基础缓存镜像文件转换合并起来，就完成了对虚拟机的全量快照及备份，因为基础缓存镜像文件较大，所以全量快照功能完成的速度较慢，但可以独立恢复。

4．支持自定义镜像

镜像是指云主机所使用的根分区或系统盘，可以快速地通过镜像复制出一台云主机，免除传统冗长的装机过程。同时支持制作镜像快照，对云主机进行备份，该快照还能像普通镜像一样随时创建新的虚拟机。

云平台允许用户自行制作标准格式的系统镜像，目前支持的镜像格式有 iso、qcow2、qcow、raw、vmdk 等，常用格式为 qcow2。镜像制作完成后，将其上传到镜像库中，由镜像管理服务模块管理所有的镜像。

5. 支持配置动态伸缩

云平台支持对云主机配置的动态伸缩，可以通过修改云主机的初始规格来修改云主机的当前配置，可以修改的项目包括内存容量（可增减）、CPU 数量（可增减）、磁盘容量（仅增）。

6. 支持故障切换

云平台支持当一个计算节点发生故障时，将其上的虚拟机资源自动或手动迁移至安全的计算节点。故障切换示意图如图 17-4 所示。

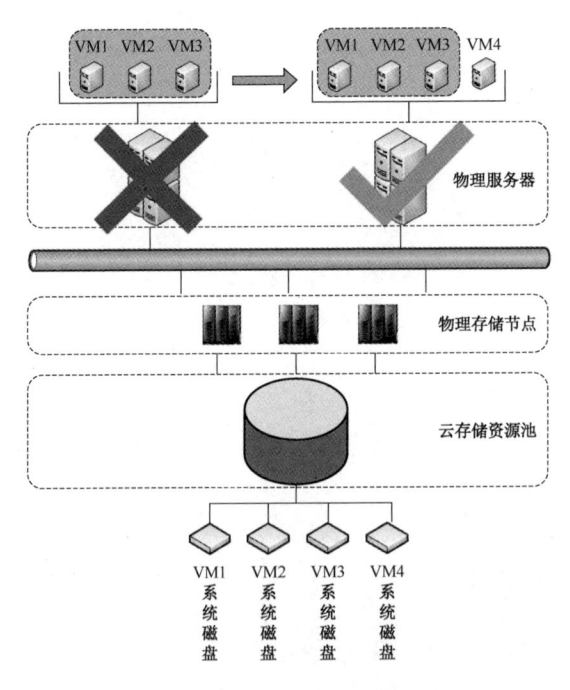

图 17-4　故障切换示意图

7. 支持在线迁移

允许运维管理员登录运维管理平台，针对用户的虚拟机执行迁移操作。这种迁移是在线迁移，迁移过程中不需要关闭用户业务云主机，可有保证用户业务连续不中断，为用户带来良好体验。

在迁移过程中，目的主机会与源主机建立通信通道，用于接收源主机发送过来的数据；而虚拟机处于共享存储之中，这样就使得虚拟机在迁移时不需要关闭电源，从而确保业务不中断。

8. 支持网络隔离

云平台支持通过 VLAN 和 VxLAN 技术对用户的网络进行隔离，保证了用户云平台资源和数据的安全性。其中，VxLAN 技术突破了 VLAN 4096 的数量限制，并且通过建立不同的虚机子网，将同一个子网中的数据交互封装在同一个隧道中，从而实现各个网络之间的隔离。

9. 支持防火墙功能

云平台基于安全组规则实现虚拟防火墙功能。虚拟防火墙示意图如图 17-5 所示。云主机的所有数据流量都是通过虚拟网卡进出的，安全组包含一组白名单安全组规则，一个安全组规则允许某一特定数据包流入、流出虚拟网卡，从而实现类似传统防火墙的功能。与一般的云平台不同，这里的安全组作为一个防火墙针对的是某个虚拟网卡，而不是一个云主机，云主机如果有多个虚拟网卡，可以针对每个虚拟网卡来设置安全组，这样可以实现更加细粒度的安全控制。

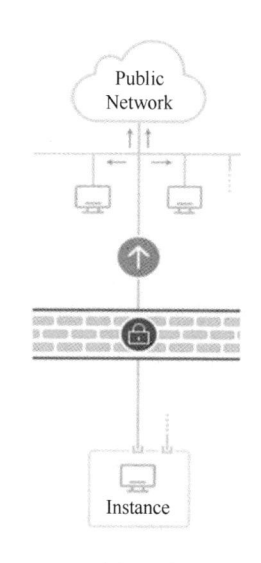

图 17-5 虚拟防火墙示意图

云主机技术指标见表 17-1。

表 17-1　云主机技术指示

项　目	可达到的技术指标
服务能力	按内存不复用方式分配资源，单个虚拟主机最高可以支持 16 核 CPU、64GB 内存、250Mbit/s 带宽
I/O 优化	虚拟主机挂载存储卷作为数据盘，既可选配常规 I/O 性能的存储，也可选配 I/O 优化的高性能存储
操作系统	虚拟主机提供主流操作系统，且均具备正版授权。包括 Linux SUSE、RedHat Linux、CentOS、Ubuntu 和 Windows
管理功能	提供相关用户自管理功能，相关安全防范问题需要服务商考虑
资源隔离	对不同用户的虚拟主机提供安全组和 VLAN 级别的隔离，不同用户之间数据互不可见
安全防护	提供防 ARP 欺骗、自定义防火墙功能，支持防 DDoS 攻击
弹性网络	支持虚拟路由、虚拟交换机和弹性 IP，用户可自定义虚拟主机的网络拓扑和 IP 地址
镜像快照	创建虚拟主机时，可指定用户预先配置好的镜像文件作为模板。虚拟主机支持增量快照备份功能，可提高备份效率，减小备份占用空间
数据存储	虚拟主机底层采用分布式文件系统，数据可靠性不低于 99.9999%
高可用性	虚拟主机服务采用全冗余架构，无单点故障，平均可用性不低于 99.99%
扩展性	支持计算能力的垂直伸缩，支持对 CPU 和内存的升级与降级操作，支持增加、减少磁盘和带宽
	支持计算能力的水平伸缩，通过与负载均衡配合实现水平伸缩

10．云存储服务

针对不同应用对存储性能的需求，云平台提供两种存储服务：分布式存储服务和高性能存储服务。

（1）分布式存储服务。

分布式存储服务采用先进的分布式对象存储系统，整合文件存储、块存储和对象存储三种技术，可为不同类型的客户应用提供适合其需求的存储服务。分布式对象存储系统提供多种类型的接口，包括 S3、iSCSI、FC、NFS、CIFS、NAS 等接口；支持策略管理，如分发、QoS 和存储分层，提供丰富的管理分发功能；支持海量存储，可按用户需求扩展容量；提供数据监控和自动修复功能；

能根据策略进行对象分发、对象复制和对象再平衡。该系统采用多层级的可用性设计。每个节点均可支持 RAID 阵列,确保节点内部数据安全和高可用。同时,分布式存储集群支持实时多副本功能。数据在集群中实时保存 n 份副本,可确保任意 $n-1$ 个节点出现故障时,数据依旧安全且可访问。多个数据中心的不同云存储集群间支持数据互备互援,确保发生人力不可控的灾难时,数据依旧安全。系统支持大规模非结构化数据存储,如文档、音频、视频等。分布式存储服务可达到的技术指标如下:云存储可用性为 99.999%,数据可靠性为 99.9999999%,故障响应时间小于 10 分钟。

(2)高性能存储服务。

云平台的高性能存储服务将根据客户对存储的 IOPS 需求,采用传统的 SAN 存储或者云平台的块存储来满足客户的存储需求。

高性能存储服务一般采用 FC 存储,通过光纤连接组成 SAN 网络。SAN 存储结构具有传输效率高、安全性高、传输延时极小、占用主机资源少、技术成熟等特点,主要用于延时要求非常低的高端应用,如大型数据库应用(如 Oracle、DB2、Sybase)、集群部署的数据库应用和容灾系统。在实际应用中需要根据业务提出的存储资源需求,对设备的 IOPS、存储容量、存储带宽进行计算。存储产品通常根据存储性能指标,即 IOPS 值进行选型。

11. 云网络服务

云网络服务是通过各种网络虚拟化技术,在多租户环境下提供给每个租户独立的网络环境。云平台的网络服务是一个可以被用户创建的对象,类似物理环境中的交换机,但可以拥有无限多个动态可创建和销毁的虚拟端口。它支持虚拟路由、虚拟交换机和弹性 IP,用户可自定义虚拟主机的网络拓扑和 IP。

虚拟交换机:云平台 IaaS 系统中的虚拟交换机通过分布在各物理服务器的虚拟交换,提供虚拟机的二层相互通信、隔离、QoS 能力。虚拟交换机功能包括:支持 VLAN 和 FLAT 协议;支持万兆虚拟网络端口;支持 QoS;支持

OpenFlow，可外接 SDN 控制器。

虚拟路由器：云平台 IaaS 系统中的虚拟路由器为分布在虚拟网络中的虚拟机提供三层路由转发、网络地址转换和 VPN 等功能。虚拟路由器功能包括：支持三层路由转发，支持 IP 或 IP+Port 的网络地址转换，支持 QoS，支持 VPN。

虚拟防火墙：云平台 IaaS 系统为虚拟网络中的虚拟机提供安全防护。通过安全组和安全规则能够快速、灵活地为虚拟机部署虚拟防火墙，从而实现虚拟机之间的访问控制、虚拟机的安全防护、虚拟机到外网的访问控制。一个用户可以创建多个防火墙，防火墙的网络映射都是单向授权（除 IP 协议外），防火墙规则随虚拟机启动而生效，虚拟机迁移不影响规则。

IP 地址管理：云平台 IaaS 系统允许用户根据业务需要灵活管理外部 IP 地址、虚拟网络子网及网关等信息。IP 地址管理功能包括：支持外部 IP 地址池，支持虚拟网络自定义子网，支持虚拟网络自定义网关，支持虚拟机指定 IP 地址，支持 DHCP 自动分配 IP 地址。

虚拟网络 I/O 控制：云平台 IaaS 系统使用网络 QoS 策略提供上行和下行的带宽配置控制能力。虚拟网络 I/O 控制功能包括：基于虚拟路由器的带宽控制，提供基于 L3 层的带宽控制功能，可以保证各个网络平面的流量拥塞不影响其他网络；提供基于虚拟网卡的带宽保证和上限带宽，保证虚拟机的网络通信质量，同时避免不同虚拟机的拥塞互相影响。

12. 负载均衡服务

负载均衡服务是云平台的一项基础云服务，包括链路负载均衡服务、服务器负载均衡服务和云平台弹性负载均衡服务。

服务器负载均衡服务就是对一组服务器提供负载均衡服务。服务器负载均衡分为四层（L4）服务器负载均衡和七层（L7）服务器负载均衡两种，支持加权轮询（Weighted Round Robin）、加权最小连接数调度（Weighted Least-Connection Scheduling）等流量分发策略。

云平台弹性负载均衡服务是将业务访问流量分发到多台后端主机上的服务，可对虚拟主机提供 TCP 和 HTTP 的负载均衡服务，提供多种转发规则，提供 SSL 加速、压缩和缓存功能；可为 Web 应用提供负载均衡服务，支持 Web 服务、Web 压缩功能，缩短下载和响应时间；支持通过卸载服务器的 TCP 连接处理，以及服务器内容的重复性获取，缩短响应时间；支持从本地缓存中获取内容，从而降低服务器负载；支持中间件、数据库，以及其他各种网络服务，满足不同业务场景的要求，可用性达到 99.99%，故障响应时间小于 30 分钟。

负载均衡服务技术指标见表 7-2。

表 7-2 负载均衡服务技术指标

项目	可达到的技术指标
服务能力	总体峰值可支持每秒新建连接数达到 100 万，每秒请求次数为 13.5 万
均衡策略	支持加权轮询、最小连接数、响应时间、源 IP 等多种负载均衡策略
健康检查	可以按照指定规则对配置的虚拟主机进行健康检查，自动隔离异常状态虚拟主机，确保可用性
会话保持	可对虚拟主机提供 TCP 和 HTTP 的负载均衡服务，并提供会话保持功能，在会话生命周期内，将同一客户端请求转发到同一台后端虚拟主机
高可用性	采用全冗余或集群架构，无单点故障；平均可用性可达到 99.99%
转发规则	提供多种转发规则，满足不同业务场景的要求
安全防护	提供高安全性，提供防 DDoS 攻击能力，并具备跨机房的容灾能力
扩展性	支持在线平滑升级，承载能力和网络总带宽同步线性扩容；可与虚拟主机配合，提供三层架构系统的弹性扩展

附录 A

PUE 计算公式

PUE 为数据中心消耗的总电能与数据中心 IT 设备消耗的电能之间的比值。PUE 按如下公式计算：

$$PUE = P_{Total}/P_{IT}$$

式中：

P_{total}——数据中心消耗的总电能，单位为千瓦时（kWh）；

P_{IT}——数据中心 IT 设备消耗的电能，单位为千瓦时（kWh）。

附录B

WUE 计算公式

WUE 为数据中心内所有用水设备消耗的总水量与数据中心 IT 设备消耗的电能之间的比值，WUE 按如下公式计算：

$$WUE = L_{总耗水}/P_{IT}$$

式中：

$L_{总耗水}$——数据中心内所有用水设备消耗的总水量，单位为升（L）；

P_{IT}——数据中心 IT 设备消耗的电能，单位为千瓦时（kWh）。

WUE 的最小值是 0。

附录 C

数据中心生命周期碳排放量计算方法

数据中心生命周期碳排放量计算公式如下：

$$C=C_{jc}+C_{js}+C_{sb}+C_{yw}+C_{cc}+C_{p}$$

式中：

C_{jc}——建筑建材生产与运输阶段的碳排放量，应为建材生产阶段碳排放量与建材运输阶段碳排放量之和，该指标应在设计阶段由设计、建设单位按材料清单进行计算，可参考《建筑碳排放计算标准》(GB/T 51366) 中 6.2.1 节的有关规定；

C_{js}——数据中心建设阶段的碳排放量，包括工程器械、工程车辆和施工人员活动产生的碳排放量，应由建设单位按建设过程进行计算，可参考《建筑碳排放计算标准》(GB/T 51366) 中 5.2.3 节的能源计算公式，结果乘以对应能源种类的碳排因子；

C_{sb}——数据中心设备及材料生产与运输阶段的碳排放量，包括除建筑建材外的所有设备和材料在生产、运输阶段产生的碳排放量，该参数应在采购阶段按设备清单和材料重量进行核算，对于无法细分的设备，按设备重量 1.1 倍的冷轧碳钢板卷的碳排放量等效计算；

C_{yw}——数据中心运行阶段能源消耗产生的碳排放量，能源消耗包括电力、燃气、燃油、市政热力等，也包括运维人员活动、运维车辆行为带来的碳排放

量,应按照数据中心运行实际消耗的各类能源总量进行计算,其中电能的碳排放量应按照本区域电网的碳排放因子进行计算;

C_{cc}——数据中心拆除阶段产生的碳排放量,可参考《建筑碳排放计算标准》(GB/T 51366)中 5.3.1 节的相关规定;

C_p——数据中心生命周期通过植树造林、二氧化碳捕集利用与封存等技术,以及通过碳交易抵消的碳排放量,值为负数。

当被考察数据中心的碳排放量为 0 时,该数据中心为零碳数据中心。

附录 D

可再生能源利用率计算公式

可再生能源利用率（RER）用于衡量数据中心利用可再生能源的情况，以促进太阳能、风能、水能等可再生、无碳排放或极少碳排放的能源利用。

RER 计算公式如下：

$$RER = P_R / P_{Total}$$

式中：

P_R——可再生能源供电量；

P_{Total}——数据中心总耗电量。

对于采用了可再生能源的数据中心，可采用此指标进行评估。